ベトナム報道

kEizo
HinO

JN048792

日野啓三

P+D
BOOKS
小学館

目次

序章　事実と客観性

事実の疑い

七月末のむし暑い夜、深夜勤で出勤すると外報部のデスクがいった。「B52が非武装地帯を爆撃したぜ。すぐ解説を頼む」

サイゴンの米軍スポークスマン発表を伝えた外電を急いで読みながら、私はまず昨年の春訪れた、北緯十七度線沿いの非武装地帯を想いうかべた。

青々とひろがる稲田と、白く乾いた農家の壁、川岸に同じ民族の異なった国旗がそびえはためいていた、ベンハイ川の静かな流れである。そのイメージを背景に、この数日来、米海兵隊の大部隊が非武装地帯に目と鼻の間で、ベンハイ川を渡って〝浸透〟してきた「北ベトナムの正規軍第三二四B師団」と激しい戦闘を続けているという米軍の発表文が、二重写しになって浮き出してきた。

そして一ヵ月ほど前のハノイ、ハイフォン近郊爆撃以来、不気味に黒い影を濃くしはじめてきている危機の予感が、あらためて意識の地平線上を動いた。「やはりこういうことになるのか」という重苦しい想いと「だがまだ決定的な事態ではあるまい」という祈りに似た気持とが交錯して、私はしばらく人影の少なくなった深夜の編集局を、ぼんやりと眺めていた。

新聞は事実を報道するという。あるいは〝確実な事実〟を〝客観的〟に報道するという。

いまの場合、〝事実〟は「ジュネーブ休戦協定第一条第一章で非武装地帯が定められてから初めて、公然と米軍がそこに戦闘をもちこんだ」ということだ。だがこの事実は、「北ベトナム軍正規師団」の越境という米軍の主張に対し、ハノイが頭から否認する情勢が背景にあり、さらに「これをきっかけに、ついに〝非武装地帯〟の消滅、地上軍北進の可能性」という事態を内部にはらんでいる。

たとえば、社会部が通常扱う、火事や洪水や傷害事件のように、それ自体、独立して完結したひとつの明らかな実体としての事件ではないのだ。

「いつ、どこで、誰が、どうした」というそのままの現象的事実は、ここでは単に表面にすぎない。この事実の事実性（リアリティー）は、むしろB52の爆撃の表面的事件にあるのではなく、それが背後に負い、内部にはらみ、将来に投げかける黒い影、あいまいな連関、不吉な波紋にこそあるだろう。

事実は必ずしも確実でないのだ。そのゆれ動く事件の波動を、どう客観的に捉え、伝えるのか。私の心の焦点は定まらなかった。

「どう思う。この事件を」

と私は同僚の外報部記者にきいた。

もう若くない、その同僚は答えた。

「もう一年半も十七度線を越えて北ベトナムそのものを爆撃しつづけているというのに、いまさら境界線を爆撃したからって、どうということはないだろう」

その答えをききながら、不意に心の中に、事件への切りこみ口になるひとつの視点がひらけるのを感じた。私は壁の時計を見、都内版の締め切りまでもう三十分ほどしかないことを確かめてから、急いで鉛筆をとった。

「これまで一年半も北ベトナムそのものへの爆撃が続けられながら、いままで、十七度線が爆撃されなかったのはなぜか」と私は書きはじめた。「それは十七度線に沿う非武装地帯——ジュネーブ協定の第一条第一章に規定されたこの地帯は、これまで踏みにじられつづけてきた〝休戦〟協定の、ただ一つ残された象徴的存在だったからだ」

つまり純軍事的にではなく、ジュネーブ協定というベトナム問題の解決策を口にするとき誰もが言及する公理が、実は単なる虚構でしかないことを、今回の事件が公然と立証したところに、この事件の〝事実性〟がある——と私は書いた。

そう書きながら私は自然と、中国が最近急にジュネーブ協定は完全に死んだと強調しはじめていること、そしてその主張は、外国軍隊の介入はもはや何物にも拘束されない、つまり中国軍のベトナム介入の自由を間接的に警告したものであることを連想していった。したがって、米軍がジュネーブ協定の最後の象徴ともいうべき非武装地帯を否認したことは、中国に介入の意志と口実を与えるものであり、ジュネーブ会議再開という解決方式は、ほとんど絶望となったとみていい、と思った。

その原稿はデスクで若干字句を修正され、整理部をまわって、間もなく刷り上がってきた。しかし、インクのにおいもなまなましい一面の大刷りの左半分に「破られたジュネーブ協定、最後の一線」という大見出しがついた自分の記事を読み直しながら、ふと不安がこみあげてくるのを感じた。

私の判断は果たして正しかったのだろうか。たとえばジュネーブ協定から中国介入まで書く必要はなかったのではないだろうか。だが、それなら「B52が非武装地帯を爆撃した」という米軍発表をそのままのせておけばよかったのか。そうではあるまい。それでは、まさに事実の表面、それも表面の一部を伝えただけではないか。米軍司令部発表をそのままに伝えたという意味では、確かに非主観的ではあるが、そのような〝非主観性〟ないし〝無主観性〟がそのまま〝客観性〟を意味することになるのか。

むしろ米軍発表には、

①「北ベトナム第三二四B師団」が非武装地帯を通って〝浸透〟してきた（これは捕虜の尋問から明らかになった、とされている）。

②北側が先に非武装地帯に武装軍隊を入れてジュネーブ協定を侵犯したのだから、米軍が同地帯を爆撃するのは正当な行為である――という米軍の判断と論理がこめられており、①の事実認定については、一九五四年のジュネーブ協定で定められた、二年後の総選挙施行後に帰ってくるつもりで、一時的に北へ再集結した南ベトナムのベトミン軍兵士とその子弟が、総選挙不

実行のまま北にとどまり、いま北の装備をもって〝帰郷南下〟して南ベトナム民族解放戦線の指揮下に入りつつあるのだという認定の仕方もある。ジュネーブ協定で定められた総選挙を計画的に阻止したのは、ゴ・ジン・ジェム親米政権であったことは、いまや明瞭な歴史的事実である。

そして、彼らが南ベトナム民族解放戦線に入りつつあるのも、もともと南ベトナム人だからである。また②の論理は北爆の開始、米地上軍の増強、ハノイ、ハイフォン近郊爆撃など、これまで戦争の質的・量的拡大の際、つねに使われてきた論理であり、この論理には、南ベトナム民族解放戦線を民族解放闘争組織としては認めず、国際共産主義勢力の「間接侵略」とするアメリカ的論理が前提となっている。

つまり米軍発表を〝そのままに〟伝えるということは、アメリカの主観的な判断と論理をそのままに伝えることであって、それこそ一つの主観的な報道ではないのだろうか。

といって、この事件から中国の介入問題まで示唆するということは、事実報道という限界を逸脱してはいないか、という反省もないわけではなかった。では、このような場合、どこで認識と思考を区切るべきなのか、報道者にとってここまでなら間違いない、という事実の確実性が何も保証されてない——という不安。

それは、これこそが分割不能のぎりぎり究極の物質の根元と信じて「素粒子」と命名してきた原子物理学者たちが、いまやその素粒子が三十以上も出現するという事態に直面して、再び

〝素粒子たちの素粒子〟を想定せざるをえなくなっている事態にも似ていようか。

報道と認識

私がベトナム情勢の報道に専門的に従事するようになってから、約一年八ヵ月たっている。その間、つねに感じてきたのは、ベトナム報道の特殊な困難さと複雑さ、同時にベトナム問題解決の難しさが日毎に深まってくることであった。その不安がベトナム問題を身近に感じている一人の人間としての私を、たえずさいなんだ。

その不安を「B52非武装地帯、初爆撃」のニュースで、私はあらためて噛みしめねばならなかった。

新聞とは事実の客観的報道である——という公理を、もはや私は、自明のものとして口にすることはできない。

〝事実〟という言葉を口にするとき、私は周囲からくっきりと区切られてそれだけで存在する実体を思い浮かべることはできない。

また〝客観的〟というとき、毅然として冷徹なレンズのごとき立場と姿勢を考えることはできない。

私がベトナム報道を考えるとき、事実それ自体がまず問われねばならず、客観性という立場そのものが、つねに眺め直されねばならないのだ。

このような実感は、ベトナム報道という私自身の体験と、実際の事態の展開と照応して、その本質を検証しつつも、なお一週間に一度は「これは本当にどういうことなのか」と基本的に考えなおさねばならない否応ない現実から、自然ににじみ出てきたことなのだ。

私はほぼ冷静に、私自身をベトナム情勢の専門家の一人と考えるが、それはベトナム情勢について他の人たちにくらべ、より多くの事実を知り、より正しい見通しをもっているということではなく、その難しさを、多少とも痛切に意識し、身をもって体験してきたということに他ならない。

おそらく、私だけではないと思う。

この二年ほどの間に、現地で、あるいは東京のデスクで、ベトナム情勢の報道に従事してきた日本のジャーナリストたちのほとんどが、この困難、というより報道という仕事の基本的な反省と再検討を余儀なくされてきたにちがいない。そしてそこから各自、自分なりの回答や仮説を築きあげてきたし、現に築きつつあると思う。

ベトナム問題は、それ自体、重大な問題である。

その重大性は、一年前、いや三ヵ月前に予感したより、はるかに不気味に重大であることが、最近急速に明らかになってきつつある。同時にこの問題は、日本のジャーナリストたちが単なる国内的視野を越えて、世界史的な戦争と平和の問題に真正面からぶつかった最初の本格的な体験である。

さらにその体験は単に新聞の報道という領域を越えて、現代の認識の問題にまで何らかの示唆を含みうるものであろう。

文字通りの手さぐり、体当たりで、私はこの一年八ヵ月、ベトナム問題と取り組んできた。以下はその試行錯誤的体験に即した〝動乱と危機の認識と報道〟についての、にがい反省の記録であり、私なりの仮説の提出である。

第一章　空白からの出発

サイゴン特派員

香港を発ったベトナム航空のジェット旅客機は、南シナ海の上を一路西南へ飛んだ。三日前、羽田を発ったときの東京は、吹きはじめた木枯しの街に薄青い陽が弱々しく照っていたのに、いま、窓外の雲海に照り返る陽は銀色で強烈である。時折、雲が切れてひろがる南シナ海の海面は、ねっとりと重く紺色にきらめいている。ジェット・エンジンが尾部についているフランス製カラベル機は安定性があって静かである。

比較的すいている機内では、客たちはほとんど眠っている。ただ一人斜め前の座席に、白人の若い男が先程からひざの上の携帯用タイプライターでいろいろとキーを叩いたり、携帯用のテープレコーダーを出して幾度もリールをつけかえている。その持ちものと、風貌からみて、ジャーナリストであることはほぼ間違いない。それに何か興奮したような落ち着かない態度から、おそらくサイゴンに赴任の途中であろう。

「やはりあいつも落ちつかないんだな」

と私は思わず苦笑した。

窓外には、南極の氷原を思わせる雲海の輝きが連っているだけだが、その白い静けさがかえって私の心の興奮と不安をうつし出す。「一体どういうことになるんだろう」と、窓に顔をくっつけるようにして、私はほとんど声に出して呟いていた。

特派員は初めてではない。五年前、李承晩政権崩壊（一九六〇年四月）後の韓国に、私は八ヵ月駐在した。連日、学生のデモがつづき、経済危機と政治的混乱の緊張の中で、仕事は決して容易でも単純でもなかった。だがソウルは、私が中学生として過ごした街だったし、釜山に近い密陽という小さな町で、私は小学校の六年間を送った。それで赴任したときも、動乱の中へ初めて特派員として行くという緊張感より、むしろ懐しい故郷を訪れるという気安さ、あそこはどうなっているだろうという好奇心の方が強かった。それに韓国では日本語がほぼ通じた。

ところが、今度はそうではない。私はベトナム語は全然、フランス語もほとんどできないうえに、読む方はいいとしても会話の方の英語は、正直いってあまり自信がない。それにソウルから戻ってから三年半ほどの間、私は帰任した前特派員の一種の義務として、韓国問題を引き受ける一方、軍縮問題と核戦略問題を専門に担当していた。キューバ危機（一九六二年十月）からモスクワ部分核停条約（一九六三年八月）を頂点に、核兵器をめぐる戦略と軍縮が大きく問題になっていた時期である。ソウルの前は、ポーランドとハンガリーの動乱（一九五六年）をきっかけに、東欧を担当していた。いわば動乱と危機は専門だったが、ベトナムは私にとって全くの専門外の領域だったのだ。

だからゴ・ジン・ジェム政権打倒の運動が南ベトナムで仏教徒を先頭に荒れはじめた頃（一九六三年夏）の私は、ワシントン＝モスクワ直通交信線開設から、モスクワ部分核停条約に至るいわゆる米ソ協調ないし米ソ共謀の動きに追われていた。グエン・カーン将軍の最初のクーデター（一九六四年一月）の時期は、再びうねり出したソウルの学生たちの反軍事政権運動の激化に追われていたのだ。

もし軍事政権が倒されるような事態になれば、すぐにもソウルに飛べるように、旅券と査証の準備さえしていたのだった。

韓国軍事政権はかろうじて倒壊をまぬがれ、ソウル行きの必要はなくなった。その直後、急にサイゴンに行ってくれないか、と部長にいわれたのが、一ヵ月ほど前のことだ。もちろん急いで新聞の切りぬき程度は目をとおしたが、それまでの日々の動きの蓄積のない私にとって、それらの活字は単に活字でしかなかった。イメージも匂いも浮かんでこない。私はそこで、泥縄的準備を放棄した。ソウルのときだって白紙で行って、一ヵ月も手さぐりに近い模索ののちには、どうやら情勢の基本的方向を実感できるようになったではないか。

それに本当のところ、サイゴン特派の任命を、それほど光栄とも重大とも感じていなかった。出発の数日前に、同僚の一人がさりげなくいった「またドサ廻りか、かわいそうにな」という言葉、軽蔑というより憐憫《れんびん》の語調に、当時の日本のベトナム問題の認識の程度があらわれていたよう。

その同僚は、ロンドンからパリ特派員を数年つとめて、帰ったばかりであった。どうやら動乱と緊張には向くらしい私は、別にロンドンやパリ、ワシントンの仕事が仕甲斐があると思っていたわけではない。しかし「ドサ廻り」という言葉はにがく胸にこたえた。

どうにかなるさ——と自分にいいきかせながら、その強がりのすぐ裏に、不安と屈辱感がうずいているのを感じないわけにはいかなかった。パリがなんだ、行かなくたって本や映画や小説で大体わかってるじゃないか。

それにくらべて、いまこの飛行機が向かっているのは、少なくとも未知の動乱の只中、台風の眼の中心だ。おれはこの眼でその嵐を納得ゆくまで見きわめてやる——私は窓ガラスに顔をつけて懸命に見下した。飛行機はいつかインドシナ半島に入り、下には青い水のかわりに、緑の樹海が見渡す限りひろがっていた。

最初の印象

まず私を驚かせたのは、見渡す限りのその濃い樹海のひろがり、つまり南ベトナム中部山岳地帯のジャングルの広さと茂り方だった。まるでプードル犬の毛のように伸び放題、茂り放題の植物が、山の起伏の全面を文字通り隙間なく埋めつくし覆いつくしている。日本列島では、中部日本アルプス地帯でさえ、飛行機から見下すと、整然たる箱庭のようで、人間の手のあとが隈なく滲みついている。それにくらべてこれはまさに植物そのもの、自然そのものだ。人間の匂いはどこにもなかった。まして爆撃の跡や、砲煙など影ひとつありはしない。

このときの強烈なジャングルの広さと濃密さのイメージは、後になって、米軍機の解放戦線拠点爆撃が本格化し、米軍スポークスマンが、今日もジャングルの拠点を猛爆したと誇らしげに発表するのを毎日のようにきくようになってからも、はっきりと私の眼の裏に焼きついていた。そのため爆撃の効果について、つねに懐疑的でありつづけることができた。

もし私が船で海路サイゴン港に向かって、この中部地帯の大ジャングルをあらかじめ眺め渡していなかったら、その後の私の戦況判断は少なからぬ狂いを生じていたかもしれない。

やがて飛行機はジャングルに覆われた山岳地帯から、ゴム園と椰子《やし》林の点在する高原地帯を越え、蛇行する川が不気味に銀色に光るデルタ地帯へとかかった。と思うと急に降下しはじめた。そして、斜めにかたむいてまわる褐色の大地の上に、まったく忽然と、椰子の茂みにかこまれた大都会が出現した。

「サイゴンだ。ついに来たか」という感慨が、「一体どういうことになるのか」という思いと重なってほとんど息苦しいほど私をしめつけた。

急降下のせいで耳が痛いほど鳴りはじめる中で、不意にこういう声をきいた。――特派員というのは何も百年に一人の天才を要する仕事じゃない。他人にできることがどうしておれにできないことがあるものか。その後、疲労と困難にぶつかり、スランプの絶望に襲われるたびに、私はこの言葉を思い返しては、なまぬるいシャワーを浴びてまた炎天の街へ出ていった。

冷房のきいた機内から飛行場に降りたったとき、強く私を捉えたものが三つあった。

第一は、まるで地面一面から燃え上がるような熱気だった。飛行場の彼方の椰子林の上にそびえ立った積乱雲が、毒々しいほど真赤に染まっていた。東京のスモッグに遮られた弱々しく貧血した夕陽に慣れた眼には、その一面血をぶちまけたような濃い夕焼けは、一種この世の終わりを思わせる、強烈な印象を与えた。

第二に、滑走路に沿って夕陽に輝やきながらずらりと並んだ軍用機の列だった。戦乱の緊迫感が、熱帯圏の南国の実感とともに、全身の気孔から急激に入りこんでくるのを、私ははっきりと感じた。

そして第三に、空港ターミナルに入って、一体どこに行ってどう手続をしていいのかわからないことだった。ろくに掲示もなく、書類や荷物のチェックの非能率ぶりと粗雑さは、前近代的ないい加減さだった。というより、むしろ末端まで威令のとどかなくなった政治的中枢神経のマヒ症状を、はっきりと見せつけられた思いだった。これを一概に、後進国的と呼ぶにはふさわしくないかも知れない。バンコク空港などは、実に整然として能率的であったのだから。

こうして幾重もの心の動揺、いくつかの強烈なイメージを抱いたまま、私は東京から直接赴任した読売新聞最初の特派員として、サイゴンに到着した。一九六四年十二月六日、ベトナムは半年毎の、乾期のさかりに入ろうとするところだった。

ベトナム報道の新段階

サイゴンに日本の特派員がくるのは、もちろん初めてではない。だがそれまでは各社とも香港やバンコク、シンガポールなどの特派員が、比較的大きな事件のあるたびに数週間程度、臨時に派遣されていただけである。すでにNHKと毎日新聞が、二ヵ月ほど前に東京から着任していた。共同通信は私が着任する二週間ほど前にきたばかりだった。朝日新聞は十二月末にきた。つまり、一九六四年末に、日本のジャーナリズムは、初めて本格的なベトナム報道体制をとりはじめたのだった。

この時期以前に、東京から直接取材に乗りこんでいた日本人ジャーナリストは、おそらくカメラマンの岡村昭彦氏ただ一人だったと思う。

日本のジャーナリズムが、ベトナム報道体制をかためたのがきわめて遅かったといっても、必ずしも間違いではあるまい。一匹狼の岡村氏などは、しきりに日本のマスコミの怠慢を指摘していた。アメリカの通信社、新聞社などは、すでに二年も前から優秀な記者を本格的に送りこんでいて、一九六三年春から秋にかけての反ゴ・ジン・ジェム政権運動のはげしい報道競争を展開していた。特にニューヨーク・タイムズ紙の幹部レストン記者がリポーター誌から特に引きぬいて送りこんだデービッド・ハルバースタム記者が、ゴ・ジン・ジェムの腐敗と独裁を徹底的に攻撃した記事を書きつづけ「ハルバースタムはまるでひとりでゴ政権を倒そうとしている」といわれた話は有名だ。

ゴ政権崩壊後、彼はピューリッツァー賞を受けたが、私の着任したときのAP通信サイゴン支局長、マルコム・ブラウン記者も、すでにサイゴン駐在三年、ベトナム人の奥さんがあり、戦争と政情について深く鋭い記事を書きつづけ、ピューリッツァー賞をもらったばかりだった。

だが、ある意味ではそれは当然だったといえる。ベトミン（越南解放同盟）の対仏独立戦争の末期に、アメリカがすでにフランスに肩代わりして参戦の構えを示し、ディエンビエンフー戦の頃、原爆をもって第七艦隊がトンキン湾に姿を現わしていたことはすでに広く知られている。一九五四年のジュネーブ会議にアメリカも参加しながら、結局最後に休戦協定に調印しなかったのも、また同協定で二年後に約束されていた南北ベトナム選挙の施行を、ゴ・ジン・ジェム大統領を通じて阻止させたのも、アメリカがベトナム南半部を共産主義的民族主義者の手に渡さぬ決意と計画を固めていたからである。

一九六一年には戦略村に農民を囲って解放戦線ゲリラと隔離させるという、いわゆるステーリー＝テイラー計画が立案実施され、一九六二年初めには「ベトナム援助米軍司令部（ＭＡＣＶ）」が設置されている。同年末には、米軍事顧問は一万人を越えていた。つまり一九六一年頃から南ベトナム戦争は、本質的にはアメリカの戦争となっていたからである。たとえばゴ政権の失政を批判することは、ゴ政権を支持する米政権への批判であり、米人記者たちにとってはすでにベトナム問題は同時に国内問題でもあったのだから。

それに対し日本にとっては、ベトナム問題は、一九六四年夏まで、ベトナムという海の彼方の問題であった。性質としてはコンゴの内戦と大差なかったのである。

最近私は、朝鮮戦争初期の日本の新聞の縮刷版に目を通す機会があったが、「国連軍、京城市内に突入」という一面トップの朝鮮戦争の記事の脇に、小さく「紅河デルタでベトミン攻撃」

といった外電記事が出ているのを、感慨深く眺めた。朝鮮戦争は隣国の事件であり、またマッカーサー国連軍司令官が日本占領軍司令官を兼ねていたことからも、占領軍司令部検閲下の当時の日本の新聞が〝マッカーサー軍〟の〝奮戦〟ぶりを、まるで自国の戦争でもあるかのようにストレートに、つまり戦争の性格の分析とそれをとりまく国際情勢の解説などほとんどなしに書きたてていたのも、ある意味では致し方なかったのかもしれない。それにくらべてベトミンの独立戦争ははるか遠い世界の出来事でしかなかった。

そのようなベトナムとの距離は、南ベトナム戦争が次第に拡大してからも、本質的には変わっていなかった。ゴ政権反対運動、ゴ政権打倒クーデター直後、グエン・カーン将軍のクーデターなどのときには、香港やバンコクから特派員が派遣されはしたが、その真相をいかんなく報道するために、支局を設け助手を雇い、独自の情報源を開拓し、戦場に出かけるという本格的な取材活動はなされなかった。それは、日本大使館や日本商社で話をきくか、各社特約の外国通信社の支局で情報を教えてもらう程度だったようだ。

ところが一九六四年八月、トンキン湾事件が起こった。米第七艦隊艦載機群が北ベトナムの魚雷艇基地を爆撃した。それは、北ベトナムの魚雷艇が第七艦隊を攻撃しようとしたことに対する報復だと発表された。ただちに米上下両院はジョンソン大統領に戦時権限付与を決議し、一方中国は「アメリカの侵略を傍観せず」との強硬声明を発した。

これによってベトナム戦争は、一夜にして国際的性格を帯び、サイゴン政権と解放戦線というこれまでの交戦者の背後に、アメリカとハノイ、北京という黒い影が、にわかに立ち現われてきた。とくにトンキン湾事件直後、アメリカが国連安保理事会を召集、当時フルシチョフ首相のソ連政権が、ハノイの同意なしにハノイ代表の出席を招請した。ハノイが断固としてこれを拒否し、北京がこの拒否を支持したことは、その一年前のモスクワ部分核停条約を頂点として〝米ソ協調〟〝冷戦時代の終わり〟〝平和共存時代のはじまり〟という一種の甘いムードが漂いはじめていた時期だけに、いわば不意に冷水を浴びせられたようなショックを与えた。

私はいわゆる米ソ協調が、実はキューバ危機で史上初めて戦わざる核の対決に敗れたソ連の対米追随であり、アメリカのヘゲモニー下における米ソ共同世界支配体制に他ならないことを感じていた。だから中国がこの体制に強く反発しはじめていたことも、頭では理解していた。だがトンキン湾事件と、それに対する北京とモスクワの反応の仕方は、それまで漠然と感じていた世界の新しい勢力対立の変化、米ソ冷戦から米中対立への変化を、あまりにも如実に示してくれた。米ソ冷戦の終わりは、いわゆる多極的平和共存時代のはじまりではなく、米中対立という新しい対立のはじまりに他ならなかったのだ。

その意味で、トンキン湾事件はきわめて劇的に日本をもまきこみかねないベトナム戦争の新しい姿に私たちを目ざめさせてくれた。遅すぎたと批判されても仕方ないが、事実として日本のマスコミが、ベトナム戦争をコンゴ動乱とはちがったものとして、距離的には遠いが心理的には朝鮮戦争より身近かな危機として、本格的に取り組みはじめた直接のきっかけは、トンキン湾事件だったといってよいと思う。

“二代目”サイゴン特派員

だが正直にいって、私自身はそのとき、そこまでベトナム戦争の意味を実感し、見通していたとはいえない。動乱の地に乗りこむという興奮はあったが、「ドサ廻り」の屈辱感があったことも事実だ。世界の新しい危機の中心、日本の運命にかかわる事態の現場そのものに来たという認識と実感は、必ずしも明確ではなかった。

到着した夜、ホテル近くの中華料理店で、香港からきていた同じ社の特派員や、すでに赴任していた他社の特派員たちと一緒に、初めてボロボロのベトナム米、日本でいう外米の炒飯《チャーハン》をつつきながら、話した。私にとって皆がしゃべり合う将軍や政治家たちの名前で、多少ともなじみがあるのはグエン・カーンだけだったし、陽が落ちても熱気がどろりとこもる夜の中で「はるけくも南の涯てまできたものだ」という実感の他のイメージといえば、ジャングルのひろがり、飛行場の軍用機の列、それにホテルからサイゴンの銀座通りにあたるカティナ通りの、この中華料理店にくる間に、チェンマネ、チェンマネ（マネー・チェンジ）と呼びながら後をついてきた、貧弱な体のドル買いの少年たちの、抜け目ない目つきだけだった。つまり、事態の意義や見通しといった複雑な問題はもちろん、情勢そのもののイメージはほとんど白紙に近い。少なくとも将軍たちの名前も、事件も、クーデターがまた近いらしいという情勢も、すべては薄明の空間をぼんやりと漂い流れる影にすぎなかった。

ホテルに帰って、すでに何度もサイゴンに来ている香港特派員から講義をしてもらったが、私の意識の画布《キャンバス》の空白は、ほとんど埋まりはしない。その同僚の説明が、不十分だというのではない。彼の語る論理に肉付けすべきイメージと実感がないからである。それは前にも書いたとおり私がそれまでベトナム情勢を専門にフォローしていなかったからであり、また私の発想の型が本来イメージ型だからだろう。私はかねてから言葉というものを単に意味伝達の手段とだけは考えていなかった。概念と形式論理だけではなく、感覚と想念の波動と陰影そのものとしての言葉、矛盾を矛盾のままに捉える弁証法的な思考に、自分を訓練してきた。ただ東京のデスクの仕事では、そうした文学的な自分の発想と表現を意識的におさえてきたが、いまや未知の世界に、それも動乱の真っただ中に放り出されたいま、自己制御の余裕などはすでに不可能だった。

自分の全感覚、全神経、全思考能力を開いて、自分の内部に納得のゆく手ごたえを与える反応を、確実につかまねばならなかったのだ。

だから、手ごたえある素材の皆無に近い現在の意識の画布は、白々と空白で、その空白がほとんど恐怖に近い不安をかきたてた。そしてその〝真空恐怖〟が、すみやかに空白を充塡しようとする努力に私を駆りたてたともいえる。

その後の六ヵ月、私を心身の限界近くまで駆りたてたのは、おそらく本社への忠誠心や特派員としての使命感より、むしろ自分の内部の空白に対する恐怖だったともいえると思う。

フランス時代に建てられたサイゴン川にのぞむマジェスティック・ホテルの古風な一室に横たわって、幾条かひび割れの走る高く白い天井を眺めながら、私はまるで自分の内部をのぞきこむように頼りない最初の夜を過ごした。夜更けるとともに、川の彼方で重く砲声のひびく音がしきりにした。

屈辱からの決意

翌日、私は出発前に東京の支局でもらってきた紹介状をもって、AP通信のサイゴン支局を訪れた。APの東京支局は、アジア総局を兼ね、サイゴン支局も形式的にはその管轄下にある。東京支局長の紹介状は、その意味で一種の命令書——特約関係にある読売新聞の特派員に、最大限の便宜をはからうように、という内容のものだったはずだ。

サイゴンの中心街、市庁の裏手の小型のマンション風の建て物の一室が、APの支局だった。入口のドアに「サイゴン政情寒暖計」と書かれた寒暖計の絵がはってあって、水銀柱は、「クーデター近し——危険」の目盛りをさしているのを眺めてから中に入った。支局長のマルコム・ブラウン記者は、背が高く痩せて色の青白い、いかにも神経質そうな男だった。私が紹介状をさし出すと彼は「東京からきみのことは連絡があった」といったきり、封筒をあけてみようともせず、ぽいと机の横にほうり出した。

それから「あれをみてもいいよ」といって、顎でうしろの壁の釘にかけてある前日からの打電記事のコピーを示した。これまで臨時に香港やバンコクからきていた日本人記者たちの主な記事のもとがそのコピーだということを私はきいたが、すでにAPの記者たちが打った電報のカスを、まるで残飯を恵んでもらうような調子で拝読させてもらう自分の姿が、私には全然気に入らなかった。

紹介状の封筒をあけようともしなかった支局長の態度も、私の神経にさわった。私は「これからよろしく頼む」というような意味のことを、ぼそぼそといって外に出ながら、心の中で固く決心した——彼らの世話になんかなるものか、おれはおれの情報源と判断で対等に仕事をしてみせる。ソウルだって、おれは外電と対等に、いやそれ以上にやったではないか。それにここはアジアなのだ。

たしかにここはアジアである。それも漢字、儒教、大乗仏教など、中国文明の同じ影響下にあった国として、日本、韓国、ベトナムはいわば中国文明圏に属する地域である。同じアジアといっても、カンボジア、タイはヒンズー文明圏に属し、インドネシア、マレーシアはヒンズー文明の上に回教文化が重なり、フィリピンは全くアメリカナイズされたカトリックの国と、その体質は決して一様ではない。

だがその翌日、MACV（米ベトナム援助軍司令部）の中で毎日午後五時から行なわれる政情と戦況のブリーフィング（説明記者会見）に顔を出して、ベトナムはたしかにアジアだが、ベトナム戦争は、もはやアジアの戦争ではなく、アメリカの戦争だということを痛切に思い知らされた。

一階をUSIS(米情報文化センター)の図書館が占める六階建てのビルの三階で、そのブリーフィングは日曜も正月もなく連日午後五時から行なわれる。入口でMPに米軍認可の記者証を提示し、荷物をもっていると、プラスチック爆弾がはこびこまれるのを恐れて中身を全部調べられ、中に通される。会見室には百人近い各国特派員——ほとんどがアメリカの新聞、放送、テレビ、雑誌の特派員たちがつめかけ、まず米大使館の情報担当の高官が簡単に政治的情勢について説明する。ついで陸軍大佐の軍スポークスマンが前夜からその日午前までの戦闘状況を発表するのだが、率直にいって最初の日、私はそのスポークスマンたちの言っていることがまったくのところ二割もわからなかった。

第一は私の英語のヒアリングの能力の貧しさ、第二は戦況そのものの把握の不足、そして第三にKIA(Killed in action=戦死)、VNAF(ベトナム政府軍空軍)といったアメリカ人好みの略語の乱発だった。

戦闘の発表は一応刷り物にして配られるから、主な戦闘の状況はわかるとしても、そのプリント作成後に入ったニュースや、時にはあげ足をとってかなり無遠慮な質問をする米人記者たちとのやりとりを、完全に理解することはできない。これまでの日本の臨時特派員たちは、ここには定期的に出ていなかったようだが、本当のところ会見室の隅に一人で坐って、私は思わず涙が出そうになった。そのくやしさは、これでどうして彼らと対等に競争できるかという、不安にもつながった。その席には、ブラウン支局長も出席していて、最前列に陣どりながらしきりに質問していた。

日本大使館は実際のところ、取材源としてはほとんど役に立たない。またそこで取材したとしても他の日本人記者と同じ材料しかつかめない。サイゴン政府内部や仏教会については若干の情報をもってはいたが、軍事武官一人いない日本大使館では、戦争についてはほとんど何の役にもたたなかった。

また諸外国の特派員たちの、主な材料である現地の新聞と放送が、厳重な検閲下にあるためここでは全く信頼できない。全部で五、六十種もあるといわれるベトナム語および中国語の新聞は、いずれもスタッフ全員で数人程度、発行部数も最大二万部、普通七、八千あるいは三、四千部という群小新聞ばかり。

それが事前検閲の関係からニュースは事実上一日遅れ。少し突っこんだ記事は容赦なく削除されて白い部分があちこちにあいている紙面である。放送は政府直轄の国営サイゴン放送だけで、戦争中の日本の放送と変わらない。テレビ放送はもちろんない。

わずかに役に立つのは、英字新聞のサイゴン・デイリー・ニューズ、サイゴン・ポストの二紙である。これは外電を巧みに使ってアリバイをつくりながら、巧妙に一種のレジスタンス的報道を行なおうとしていた。

読者が外国人がほとんどの関係上、検閲も他の新聞ほど残酷ではないようだし、米軍や米大使館筋の情報として、観測、分析記事をのせていた。だが、それでもデイリー・ニューズ紙は私が来て間もなく、社説をのせなくなってしまった。

またサイゴン政府の声明や発表については、その情勢判断の真実性というより資料として、国営ベトナム通信が正午と夕方、二度配達してくれる有料の印刷物を利用することができた。

他のマス・メディアとして私たちがよく聞いたのは、シンガポールあたりから放送されるロンドンBBC放送のアジア短波放送があった。

しかし短波の波長を合わせるのは神経ばかり疲れ、そのうえサイゴンのニュースを外から逆輸入の形で聞くのは当然のことながら時間的にも遅い。

結局、着任後一週間ほどの間に私が確かめえた多少とも利用できる取材源は、夕方のMACVのブリーフィングと朝のサイゴン・デイリー・ニューズ紙だけだった。しかもその二つとも、米当局とサイゴン政府のフィルターを一度通ってきた材料でしかない。とすれば、あとは自分の眼と足で、直接見てまわり聞いてまわり、嗅いでまわることと、自分の情報網をつくりあげるしかない。

解放戦線側のサイゴンにおける地下組織と、直接、接触することも不可能ではなさそうだったが、もし露見した場合の危険を考えれば、短期の一発屋的取材の場合はいいとしても、常駐特派員としては一応ひかえるべき手段だった。

外国通信社の電報のコピーを見せてもらいに行くことをみずからに禁じた私は、とにかく当たって砕けること、まず通訳兼助手を探す決心をし、多少日本語のできる徴兵逃れの中国系ベトナム人青年を雇った。

私と前後して直接東京から赴任してきた新しい特派員たちも、ほぼ同じような体制をとろうとしていた。

私たちはひそかに、自分たちを前代の臨時特派員たちと区別して〝二代目サイゴン特派員〟と称した。

私たち二代目特派員による腰をすえての暗中模索と、試行錯誤の努力がこうしてはじめられた。日本のベトナム報道は、ようやく一九六四年末から本格的な段階に入ったのである。

第二章　見えない真実

台風の眼

サイゴンはほぼ東西に細長い街だ。中心街はサイゴン川岸に近い東端にあり、西側はチョロンの中国人街になっている。

漢字では化導院と書くビエンホアダオ――いわゆる南ベトナム統一仏教会本部は、この楕円形の市のほぼ中央、北寄りの郊外の近くにある。そこはほこりっぽい大通りに面した、まるで工場の敷地のようなだだっぴろい場所だった。大通りには軍用トラックや、南部デルタ地帯から入りこんでくるほこりだらけのバス、自転車、スクーター、輪タクなど各種の乗り物が熱気と土ぼこりの中を行き交い、路次の入口には裸足の子供たちが群って遊んでいる。

私が行ったとき化導院の大きな鉄製の門は開いていたが、内部の赤土の敷地に点在するバラックのような統一仏教会組織の事務所は、どれも扉をとざし、至るところの塀や有刺鉄線に、黒と赤の大きな字でスローガンを書きなぐった横幕が、炎天の下にひっそりと垂れ下がっているだけだった。

ゴ政権打倒運動の先頭に立って、成功してからの一年ほどの間、ドン・バン・ミン将軍からグエン・カーン将軍へと実力者が交代するのを静かに注視してきた仏教徒組織は、秋頃から再び不気味な動きをみせはじめていた。

時の首相はチャン・バン・フォンというお世辞にも有能とはいえない平凡な政治家で、特に宗教的色彩はなかった。したがってゴ・ジン・ジェムのカトリック政権のような極端な反仏教政策をとっているようにもみえなかったが、仏教徒指導者たちは次第に反チャン・バン・フォンの傾向を強め、政府の〝反仏教政策〟に抗議して、仏教会本部の一切の行事、事務、活動を表向きは停止、つまり事実上のボイコットに入っていた。

事態は動き出していた。サイゴンには異常な空気がただよいはじめていた。MACVのブリーフィングで、ベテランの外人特派員たちはしきりに仏教徒問題で大使館スポークスマンにくい下がっていたし、新聞も仏教徒指導者たちの言動を、ひかえ目にではあるが、深刻な調子で書いていた。李承晩政権崩壊後から一年後の、軍事クーデターまでソウルで毎日〝何か起こりそうな〟緊迫感の中を駈けまわった経験から、私の神経はほぼ確実に新たな騒動の気配を感じとった。そしてソウルで緊張の原動力が学生たちだったように、ここでは仏教徒らしいことをかぎとった。表面は不気味にしずまり返っている仏教会本部のただならぬ静けさこそ、台風の眼なのだ。

数回、むなしくがらんとした本部にかよったあと、やっと化導院（統一仏教会組織の対世俗活動部門）の報道関係責任者のニャット・チェン師をつかまえた。薄暗いバラックの事務所の一室で、私は黄衣一枚に身を包んで、僧侶にしてはいかにも世俗くさい感じの同師と対座した。同師は私程度の英会話ができた。

「あなた方はどうして、フォン政府に反対するのか」

「仏教徒を敵視する政策をとっているからだ。それにフォン政府はもはや民衆に支持されていない」

と同師は微笑しながら、おだやかに答えた。いかにも熟達したスポークスマンのようだった。僧侶と話しているというより、私には政党か学生団体のスポークスマンと会見している感じだった。

「だがアメリカはフォン政府を支持している。フォン政府に反対することは、アメリカに反対することにならないのか」

「いや、われわれは決して反米主義者ではない」と事務的な口調で同師はつづけた。「民衆に支持されぬフォン政府を支持するアメリカの態度に、反省を求めているだけだ」

「同じことじゃないか」といいかけて私はやめた。ソウルでも学生たちは、自分たちは反共だといいながら北朝鮮との統一の方向に急速に傾いていった。言葉の上での「反共」とか「親米」は、ソウルやサイゴンのような事実上の対米従属国においては、一種の符牒にすぎず、あるいはアリバイでしかないことを私は知っていた。そのときまでの私の貧しい知識によっても、ゴ政権打倒運動のとき、アメリカは仏教徒の反政府運動をほとんど公然と支持し、たしか、チ・クアン師、タム・チャウ師といった最高指導者たちは米大使館にかくまわれたことがあったはずだ。

だがこの一年の間に、米当局と仏教徒指導部の間の関係はズレはじめてきているらしいことをニャット・チェン師の言葉から感じとった。五年前のソウルでも、李承晩政権打倒で、暗黙の一致をみていた米当局と学生たちが、半年後には微妙な対立関係に変わっていったことを、思い出さずにはいられなかった。

類比推理《アナロジー》というのは最も次元の低い論理である。その乱用はきわめて危険なことは私も知っていた。しかし、このニャット・チェン師をはじめ、従軍僧組織の責任者タム・ジャク師など、つづいて私がたずね歩いた指導的な僧侶たちの言葉を聞きながら、どうしても親しくしていたソウルの学生指導者たちのことを連想しないわけにはいかなかった。

「いまフォン政府を倒して、そのあとに適当な指導者として誰がいるのか」

という問いに、僧侶たちは、

「とにかくいまはフォン政府を倒すことだ」

と答えたが、その答え方は「いま北朝鮮との統一を叫んでも、北の共産政権との関係はどうなるのか」という私の質問に「統一以外に民族の生きる道はない」と決然とかつ重い口調で答えたソウル大学のアクティブたちと同じつきつめた調子があった。次の段階はどうなろうと、いま現政権をしりぞけないと大変なことになるという、一種終末観的な危機意識と、とにかく現状さえ変えればあとはどうにかなるという意外に甘い期待感との奇妙な結びつきが感じられた。そして余裕ある先進国の正常な状況からみれば、いかに非合理的で、非現実的にみえようとも、生命を賭けなければならないことが後進国にはあるのだ。ソウルでは学生たちが二百人殺され、ベトナムでは幾人もの僧侶たちが焼身自殺を遂げた。

独裁政権を倒してはみたが、事態は一向に好転せず、かえって悪化することへの幻滅と焦燥感が、彼らをつきつめた行動にかりたてるのである。それはきわめて空しい行為だが、それがまたきわめて現実的な影響力を生むのだ。私の心も暗然とせざるをえなかった。

「あんな乞食坊主と、そのまわりに集まる貧民信者どもに何ができるか」という者もないわけではなかった。だがソウルの経験と私の勘は、仏教徒勢力とその運動が重大な要素であることを感じとった。着任後十日目、私は初めてタイプライターに紙をはさみ、「当面の南ベトナム政情を左右する台風の眼は、洗いざらしの黄衣に身を包んだ、静かにナゾめいた僧侶たちである」という書き出しで最初の記事をかいた。ホテルの天井のように白く空白だった私の内部の〝ベトナム情勢図〟の中に、最初の点が一つだけは浮き出してきたわけだ。

だがまだ画布のほとんどの部分は空白だった。新聞は、米当局者とサイゴン政府首脳の間で、「北からの〝浸透〟増大に対処する新しい軍事行動についての協議」がつづけられていることをしきりに報じていた。しかし、それはきわめてあいまいな語調でしか書かれなかったし、若い将軍たちが何やら不穏な動きをはじめているといううわさもあちこちで耳にした。そうした情報およびその裏にあるらしい動きをどう捉え、どう判断し、どう見通すべきなのか、まるで眼がさめてあとに切れ切れの夢の断片を思い出すときのように焦点を結ばず手応えがなく、確かな連関がつかない。

落ちつかぬままに、正午から午後三時まで、喫茶店《キャフェテリア》と理髪店を除くすべての商店、官庁、会社、学校が扉をしめ、勤め人と学生は帰宅して昼寝するひっそりとしずまり返った街——タクシーや輪タクさえほとんど通らず、白熱の陽だけが路上にはね返ってタマリンドのひょろ長い街路樹が陽炎《かげろう》の中をゆらめいている深夜よりも深夜的な真昼の街を、私は歩きまわった。

戦争の真最中、政治危機の嵐が近づいているというのに、人々は昼寝を決して欠かさぬ街の奇妙さ。表面に発表され声明されることとは、どうもちがった何かが真の事態を動かしているらしい異様な気配。犬さえも通らない無人の白昼の街の静けさの中で、私は表面に現われている世界は一種の虚構にすぎず、真の現実はその裏で何やら怪物めいた形で不気味にうごめいているのではないか、とさえ感じた。

ひどく不安でもどかしく、その不安はたとえば日本大使館に行って話してみても、一向にしずまらなかった。

ここには、情勢の全体を奥行と陰影をもって説明してくれる人はいなかった。奇妙さは奇妙さのままに一つの生きて動くヴィジョンとして事態をまとめてくれる人もいなかった。ヴィジョンは自分でつくるより仕方がない。私は新聞記者だ。空白は自分でひとつずつ埋めてゆくより仕方がない。だがその空白はいつ埋まるのか。

悪夢の中を

ベッドのわきの電話が鳴った。受話器をとりながら時計をみるとまだ午前七時である。旧式の電話機は接続が悪く、やっと「八時から軍司令部で記者会見をする」という通知をききとっただけだ。おそらく情報省の係官が各特派員に知らせているのだろう。急いでカメラにフィルムをつめて朝食もとらずに外に出た。ホテルの玄関前には、他社の特派員が何人か出ていた。「何だろう」ときいても誰もはっきりしたことは知らない。朝の街にとくに異常な動きはなかった。

軍司令部は市の北の郊外、タンソニュット空港の手前にある。衛兵が記者証を調べる。APとドアの横にペンキで書いた車が横を通りすぎてゆく。ブラウン記者の白い横顔がちらとみえる。会見室は正門からかなり奥にある。完全武装の兵士たちがサブマシンガンを構えて幾人も立っている。会見室の壇上には、四つ星の中将旗が立っていた。政府軍は准将の下に副准将という特別の階級があって、そのため将軍たちは、他国の場合より星の数がひとつ多い。中将の位で現職にあるのはグエン・カーン総司令官だけだ。テレビカメラマンたちがしきりにライトを調整している。

だがグエン・カーン将軍は姿を現わさなかった。二時間ほども待たされた末、会見は午後四時まで延期だ、と将校が発表した。理由はいわなかった。こういういい加減なことには慣れているらしく、各国特派員たちは文句もいわず引きあげていった。だが引き上げる前に、誰からともなく今朝五時半「軍事評議会」の名で「国家評議会」の解体とそのメンバーの逮捕が放送されたという情報が、口づてに伝えられていた。

司令部を出てから「軍事評議会」という耳なれぬ言葉とその実体は何かときいてまわった。その結果「軍事評議会」は二日前に師団長以上の政府軍指導者たちによってつくられたばかりの組織で、グエン・カーン総司令官の諮問機関である〝軍内部の〟諸問題の協議のための組織だということだった。そしてグエン・チャン・ティ第一軍団長、グエン・カオ・キ空軍司令官、グエン・バン・チュー第四軍団長といった新しい名前をあらためて教えられた。だが軍内部の組織のはずの「軍事評議会」が、どうして国会に代わる最高政治機関の「国家評議会」の解体といった〝政治的措置〟をとるのか。そんな権限があるのか。当然そんな権限はありえないとすれば、一種のクーデターではないのか、といって国家主席、首相の地位はそのままだから、完全な政権奪取のクーデターとはいえない。それに記者会見はどうして急に延期になったのか。グエン・カーン司令官はどうして姿を現わさなかったのか。

わかったことより、次々と出る疑問の方がはるかに多かった。夜になってから、グエン・カーン将軍は自宅で軟禁されているといううわさから、すでに殺されたといううわさまで流れだした。テイラー米大使がかんかんに怒っているといううわさも入ってきた。サイゴンではこうした出来事があると、それにともなううわさが無数に流れだす。それは信ずることも、かといって全く無視することもできない代物なのだ。サイゴンのジャーナリストは、うわさを嗅ぎわける鋭敏な嗅覚を持ちあわせなければならない。先頃から「若手将軍たちの間に不穏な動き」と伝えていた情報はこのことを予告していたのか、とあらためて思いついてみた。しかし事態は漠然としてつかめず、といって情報を十分に聞きまわって吟味し熟考しているひまはない。翌日の朝刊に間に合うためには、午後七時か、遅くとも八時までには記事を電報局に持ってゆかねばならない。

自信のないままに、私は記事を書いた。その要旨は、さる八月のトンキン湾事件後の緊張感を利用して、みずから大統領になろうとしたグエン・カーン将軍が、学生、知識人、仏教徒たちの反対デモでその〝野望〟をつぶされて以来、政権の第一線から後退気味だった軍部が、再び巻き返しに出るための一歩だろう。だが若手将軍たちとグエン・カーンの関係、軍と米当局の関係、軍と仏教徒の関係、軍の究極的な意図などについてはいぜん適確なイメージを作りあげることができなかった。

だがもしこの〝半クーデター〟が着任早々突発しなかったら、こうした基本的な諸問題について、こんなに必死に聞きまわり考える機会はずっと遅れていただろう。というよりこのナゾめいた突発事態によって、私は新しい幾つもの疑問とナゾに、否応なくぶつかることができたのだといえる。

「何のことかわからない」では特派員にはならない。何とか筋道をつけて論評しなければならず、不明な点は明確に不明だと指摘しなければならないが、この点が不明だと明確に指摘できるためには大筋の明瞭な認識がなければならない。

特に無責任なうわさと故意に流される怪情報、逆情報が氾濫するこの市では、一番必然的な方向の見通し、つまりは自分自身のヴィジョンの基本構図がしっかりとできていないと、偶然の情報とうわさにふりまわされ、ひとつふたつの情報から逆に基本的な見通しを誤まることも決して少なくない。

したがって基本的な情勢認識の蓄積と試行錯誤の一定の体験がない場合は、むしろ諸々のうわさや情報には一応距離をおいて、一切をひとしく信じないというネガティヴな意志力が重要だと思われる。

だが全然、事態の表面の事象と相反する情報の場合は、誰しも一応は冷静に懐疑的になりうるが、多少とも関係のある場合は完全に疑いきることはできない。このときの、グエン・カーン将軍の軟禁、逮捕あるいは暗殺の情報がそうだった。午前の記者会見場には、たしかに中将旗が出してあり、同将軍の出席は少なくとも予定されていたのだ。それが急に会見が延期になり、午後の会見にはついに同将軍は姿を現わさなかったからだ。たしかこのとき同将軍を記事の上で〝殺して〟しまった日本の特派員もいたはずだ。だが声明とか発表とか、信頼できる仕方での報道という形で明らかになる事実というのは、事実のほんの一部にすぎない。そうした海面上に出た部分の何倍、何十倍もの事実が、巨大な氷山のように暗い水中に沈んでいるサイゴン情勢のおそろしさを、私は初めて思い知った。

「東京特派員だと楽だなあ」と私たちは話し合った。「ベッドに寝転がってテレビさえみてれば重大ニュースは洩れなく報道されるし、夜には幾つもニュース解説もやってくれる。話題ものの注文がきても、駅の売店で週刊誌さえひとかかえ買ってくれれば、材料は幾らでも転がっている。ところがここじゃ、ニュースは歩きまわって人間の口づてにきくしかない。そしてここで一番信用ならないのが、人間だからな」

いま、東京でこれを書きながら、一年半前のこの頃、着任後一ヵ月ほどまでのことを思い返すと、誇張ではなくぞっとする。夢中――というがまさに夢の中、それも暗い悪夢の中を手さぐりで歩きまわりながら、一体自分はどこにいて、その周囲はどうなっているのかわからぬままに、何か正体のわからぬものにはげしく追われつづけていた思いがする。

そしてこれが決して自分だけでなかったことを、数ヵ月後の慣れた頃、大学時代の同級生清水邦男が産経新聞のサイゴン支局長として着任したとき、眼のあたりにみた。多少神経質な私とちがって、清水氏はいわば豪放な胆のふとい男で、これまでに世界各地をまわってきたベテランだが、その彼が初めはほとんどおどおどと落ちつかず、顔色が青ざめてさえみえた。その後彼は、これまでのサイゴン特派員の中で最も焦点深度の深いよい仕事をした記者の一人になったが、多少とも良心的に、個性的に、自分の納得のゆく方法で事態の奥行と方向をつかもうとすれば、それだけ最初の夢中状態は避けがたいようだ。

単純さの危険性

その点、さる女性ジャーナリストがサイゴンにきて早々、喫茶店で私たちに「あんた方はサイゴンをまるで台風の中か地獄の入口のように書き立てているけど、何よ、全然平和そうじゃない」と平然といったとき、私はほとんど本気になって怒った。

「一体、ここにきて何日目だ」

と私は怒りをおさえてきいた。

「もう三日になるわ」

「たった三日で生意気なことをいうんじゃないぜ。あんたは、何がわからないかさえ、まだわからないんだ。いま、うやうやしくあんたにアイスコーヒーを運んできたあのおとなしそうなボーイが、ベトコンのテロ工作班の隊長でないと、誰が保証する。いまこうやってぼくらが壁のかげのテーブルに坐ってるのも偶然じゃないんだ。あの通りの向う側のホテルは、アメリカ人ばかり泊ってるホテルで、そこがやられたときの爆風の方向を、ぼくらは無意識のうちに考えて、窓際に坐らないんだ。一週間前に、あのホテルの裏口にとめてあった自動車の中に二百キロの爆薬を仕かけてあったのが発見されたという情報をきいたばかりだからな。もちろんそんなことは日常茶飯事だから、ことさらここの人たちはさわぎはしないし、ぼくらもいちいち打ちはしない。何も知らないあなたにはさぞのんびりした夕方の街にみえるだろうがね」

ジャーナリストの場合はまだいいとしても、サイゴン政府あるいは米当局の招待で短期間ベトナムを公式訪問し、政府あるいは米軍のご案内でいいところばかりをみせられ、いいことばかりをきかされて帰る人たちの場合は、むしろ来ない方がいいとさえ私は思う。

仏教徒の反政府運動のはじまりかけた頃、日本から自民党の国会議員が三人視察にきた。日本大使館がつききりでお世話した。その中の一人は私にはとくに印象深い人だった。というのは、一九六一年五月初め、その代議士は当時、学生と革新派の反政府運動、および経済危機にゆすぶられ崩壊寸前だった張勉内閣時代の韓国を訪問した。おそらく彼は政府の役人たちからいいことばかりをきかされたにちがいない。新聞の報道にもかかわらず、張勉政府は安泰である、と帰国して声明した。数日後に張勉政府は、軍事クーデターで倒れた。

「あの代議士がきたんなら、これはいよいよフォン政権も倒れるな」

と私たちは笑った。一度、特派員たちと昼食を会食したが、そのとき私たちもあまりしゃべらず彼もとくに意見はいわなかった。だが帰途、香港で香港特派員たちを集めて、いろいろとサイゴンできかされたことをしゃべり、フォン政権は安定しているし、情勢はいいといったらしい。あとで香港特派員たちからきいた話だが、最初、特派員たちは黙って傾聴する振りをしていたが、彼らがこれまで幾度もサイゴンに派遣されている〝一代目サイゴン特派員〟だということを、代議士たちは知らなかった。やがて特派員たちはくわしく諸々の専門的事実をあげて質問し、反論して驚かせた末、こう忠告したそうだ。

「前の韓国の例もあることだから、今度だけは日本にかえっても、サイゴン政権は安定しているなどと、しゃべらない方がいいですよ」

一行が香港を発つ直前か羽田到着早々にフォン政権は倒れ、二度目の恥はかかなくてすんだ。個人の資格できて、自分で歩きまわり、バスにのり、自分の眼で見たことだけを得て帰るならいい。たとえば映画監督の大島渚氏が二週間ほどベトナムにきたが、サイゴンにいたのは二日だけ。あとは通訳だけを連れて勝手に各地を歩きまわってきた。デルタ地帯の畑の中を歩いていたら、不意に銃をもった数人の男に囲まれ、日本人だと説明したがなかなか信用されずに困ったと、帰ってから私にいった。「きっとこの派手なポロシャツのせいで、日本人とみられなかったんだと思うよ」「ちがうね。きみのその偉大な体軀と栄養過剰ぶりが、アジア人の共感を呼ばなかったのさ」と私はいって笑い合ったが、「あいつらは間違いなくベトコンだと思うね。どこからともなくまったく地面から湧き出したように不意に姿を現わしたし、何も持ち物を奪らなかったから。それにしても驚いたね。あのあたりは政府地区ということになってるのに、ベトコンというのは実際どこにでもいるんだなあ」という彼の体験と認識こそ、短期間ではあってもまさに現地認識といえるだろう。

最初の直観

十二月二十日のナゾめいた軍部の行動は、仏教徒だけでなく軍の中でも何か新しい動きが胎動し表面化しかけている——という直観を私に植えつけた。軍部に対するベトナム人自身の反応も微妙である。

「政府軍の将軍たち？」と多くの人が肩をすくめていう。「もう幾年も戦争がつづき幾度も大隊から連隊まで全滅に近い敗北を蒙《こうむ》っているのに、政府軍の将軍で、戦死したものは一人もないよ。彼らの商売は戦争でなくて、クーデターごっこと蓄財さ。その方にかけては天才的な名将ぞろいだね。この間、キ空軍司令官がベトナム航空の美人スチュワーデスと再婚か三婚をしたが、カーン将軍が三千万ピアストル（約一億円相当）のお祝いを出し、三晩つづけて大パーティーがあったよ」

確かにそういうことだろう。そうでなければ、アメリカ製兵器をふんだんにもらって、飛行機一機、戦車一台もたない解放戦線を幾年かかっても鎮圧できないどころか、押されっぱなしというような事態は起こりえないはずだ。

しかしそうばかりではない何か真剣なものが、もしかすると若手将校たちの中に生まれはじめているのではないか。そして有能な機会主義者のグエン・カーン将軍が、機敏にその新しい動きに乗ろうとしているのではないか。それともバスに乗り遅れて、追い落とされかけているのか。

少なくとも軍上層部の動きには、フォン政府およびテイラー大使との間に、これまでのようにぴったりしない不協和音めいたきしみが聞きとれる。

二日後の二十二日夕方、私はMACVのブリーフィングから六時すぎにホテルに戻った。フロントで鍵と一緒にベトナム通信のプリントを受けとり部屋にゆき、そのプリントの冒頭にあったグエン・カーン三軍総司令官の「全軍への布告」の発表文を読んで「ベトナム問題はベトナム人の手で」という一節を目にして、不意に強く驚いたのも、軍の動向について私が真剣な疑問を抱きかけていたからに違いない。

例によって、型通りの戦意昂揚声明ぐらいに思って読み出した私は、あまり長くないその「布告」に一貫する、新しい何か——かなり明瞭な米政府批判と民族主義的な調子に「やはりそうだったか」と信じがたい驚きをおぼえた。間違いなく新しい何かがはじまりかけている！　二日前の「軍事評議会」の半クーデターも、単に「国家評議会」という一組織の解体や古い将軍の追い出しの範囲ではなく、将軍たちの、より計画的な本格的行動の開始だったのだ。

タイプのキーを叩きながら、私はほとんど興奮していた。それはナゾの一環が解けてわかったという知的興奮であると同時に、自分の内の空白が、これでひとつ埋められるという恐怖からの解放感でもあった。「民政」という形式に縛られて動きのとれなくなっているアメリカに対立する方向に、軍部は動き出した。まだ彼らの究極のねらいはわからないが、当面この反米・反政府的傾向は、仏教徒の反政府運動と重なり合うものである、と私は打った。

仏教徒の記事につづいて、この軍部の新しい動向についての記事が、私の第二の記事らしい記事となった。それは、仏教徒と軍部という二つの点が、私の中の空白な画布のほぼ中央に打たれたことを意味する。そしてこの二点を結んだ対極に、フォン政府とテイラー大使の影が浮かび上がってきた。全然未知にひとしかった空白の土地の上に、いま三角定点が築かれかけた。赴任以来約半月。暦の時間では短かい期間だが、心理的には長い不安の時間だった。だがこの最初の三角定点を基礎に、ようやくベトナム情勢の測量作業は開始される。この夜、初めて私は不安のためでなく興奮のために眠れなかった。

第三章　動乱の報道

非正統的な方法

　クリスマス・イヴの夕方、市の中心部の米軍将校専用ホテルが爆破された。米軍機の不発爆弾から抜きとられたという高性能火薬は、いかんなくその威力を発揮し、ホテルは五階まで床がぶち抜かれ、窓は全部吹きとんだ。その音は五百メートルほど離れた私のホテルの部屋の窓をびりびりと震わせた。あわててカメラをつかんでとび出して行った私は、血と煙にまみれ眼を吊りあげてとび出してくる米軍将校たちを遠巻きにした、ベトナム人の弥次馬たちが皮肉な薄笑いを浮かべているのをはっきりみた。

　暮から新年にかけて、サイゴン東南わずか六十キロのフォクトゥイ省ビンジアのカトリック難民部落周辺に、解放戦線の正規軍部隊が初めて一個連隊以上の大兵力で忽然と現われ、政府軍救援部隊を次々と撃破した。撃墜されたヘリコプターの米軍人二人の救出を命じられた政府軍海兵隊一個大隊が、解放戦線に待ち伏せられて大隊長以下ほとんど全員が死傷した。

「いや、ひどいなんてものじゃない。ゴム園の空地の斜面が見渡す限りの死体だった」とあるベトナム人カメラマンは肩をすくめていった。「アメリカ人二人を救けるために、ベトナム人兵士二百人が死んだわけさ」

　新聞はまるで政府軍の大勝利のように書いていたが、現場に行ってきたベトナム人記者や外国特派員、カメラマンなどの口から、あるいはどこからともなく流れ出すうわさの形で、政府軍は戦争が本格化して以来、最大の敗北を蒙ったらしいことが、すぐに街中に知れわたった。

「それにフォクトゥイ省というのは、これまでベトコン軍の全然いなかった数少ない省の一つだったんだ。そこに一連隊も現われるなんて、もう……」

といって、あるベトナム人記者はあとの言葉を濁したが、彼が何をいおうとしたのかは、聞くまでもなかった。

また新年早々、さる中国人が街角でそっと私にこういった。「いま、チョロンでは、サイゴン政権が二ヵ月もつかどうか、一口五百ピアストル（約千五百円）でかなり大きな賭けをやってるんですが、一つ入りませんかね」それからちょっと間をおいて、

「もし賭けるんでしたら、もちこたえるという方にお賭けなさい。間違いなくその方が大穴ですな」

バーの女の子は、怪しげな英語で別にあたりをはばかる風でもなく「あなた、日本人ね。わたし子供のとき、日本の兵隊さんがかわいがってくれた。フランス人の家からお菓子や着物、もってきてくれた。日本の兵隊やさしくて強い。強い兵隊は日本とベトコン。弱いのは政府軍」といって、ウィンクしてみせた。輪タクの中年の運転手は手まねまじりでいった。「日本人、仏教徒ね。よいベトナム人は仏教徒。悪いベトナム人とアメリカ人は仏教徒じゃない。だからよいベトナム人とアメリカ人は友達じゃない」

一日毎に私は街に慣れ、暑さに慣れ、どんな裏通りを歩いてもベトナム人と同じように色が

黒くて痩せて体格の貧弱な私は、決して外国人とはみられないし、日本人とわかっても少しもこわくないことがわかった。ソウルでは「関東大震災のときの朝鮮人虐殺の仕返しをしてやろうか」となぐられかけたことさえあったし、陰にこもったいやがらせを幾度もされたこととくらべれば、大きなちがいだった。政府を、グーベルマンとフランス語式に発音するサイゴン英語にも慣れ、ベトナム語の片言をおぼえ、片言と手まねだけでもかなり意志疎通することも知った。あるいはベトナム人たちは最初は決して本心を語らないが、三度目ぐらいからは気の利いた皮肉や反語の形で、こちらが思わずあたりを見まわすような思いきった批判を口にすることもわかり、記者や文筆家たちの印刷され、検閲される文章と彼らの本心は全く別であること、役人や政治家さえ第三者のいるときと二人だけのときとでは、全然反対のことさえしゃべることもわかった。

政府や国立銀行の発表する経済政策や数字は、南ベトナムにおいては何をも意味しない。何ら現実性をもたないそれらの政策は、発表するためにだけつくられた作文にすぎないのだ。そのことは、まず発表する者がいちばんよく知っている。

かわりに、一月はじめにホテルを出て下宿した家の女中に、最近特に値上りしたものは何か、と聞き、水瓜《すいか》とレタスだと聞けば、水瓜の産地であるデルタ地帯北西部で解放戦線が活動しはじめていることを知る。また、高原野菜の集散地ダラトへの街道が、おびやかされていることもわかるようになった。

ワシントンやロンドンの特派員なら、ニューヨーク・タイムズやロンドン・タイムズを毎日刻明に読んでさえいれば、国内情勢の主な動きも世論の動向もほぼわかるだろう。タクシーの運転手と政治の話をする必要もあるまい。だがここでは、あらゆる機会にあらゆる種類の人たちと、手まねをはじめあらゆる方法で、あらゆる話題を話し合う努力をしなければならない。そして「反共」をことさら強調する者ほど、解放戦線のシンパではないかと話を裏返しにしてきく技術が必要なのだ。

もともと私は人みしりする性質だし、特に、権力と財産の臭気の強い人種と話すのは、気がすすまない方である。その意味では決して有能な新聞記者ではないが、体は痩せて貧弱、感情は屈折してひねくれ気味のベトナム人たちには、奇妙な親近感を感ずることができた。そのために、比較的気軽に話し合うことができた。特に乾ききった赤土が剝き出しの、広く荒涼とした統一仏教会本部の構内で、僧たちの政治的説教を聞きながらビンロー樹の赤い実を嚙んで真赤な唾を吐き散らす貧しい老婆たちや、ぼろシャツ一枚の日雇い労務者風の男たちと一緒に地面に坐りこんでいると、妙に気持が落ちついた。また学生や浮浪児たちのあとからデモについてまわり、催涙弾をうちこまれては汗と涙で顔中くしゃくしゃにして、一緒に路次裏を逃げまわるとき、あるいは老婆たちが自動小銃を構えた乱闘警官隊や迷彩服の降下部隊の兵士たちに面と向かって罵《ののし》るとき、言葉はわからなくてもデモ隊の怒りが私にはわかり、それに対した兵士たちが苦しげに眼をそらす気持も、わかるように思った。

こうして、私のベトナム情勢の画面は、急速に片語の会話や、出所不明だが意外に真実なうわさ、言葉にさえならない生まの感情、屈折する心理の陰影や微妙な不安と憎しみの感情の波で埋められていった。それは明確な主題と構図、正確な遠近法をもって形づくられた画面ではなかった。いわば抽象表現主義風の絵画のような、不定型な色の塊りや偶然の滴《したた》りが、それ自体〝云いがたい何か〟の表現であるような濃密な画布が、私の内部につくられつつあった。分析よりまず共感が、論理より予感が、数少ない公認の事実より一見あやしげな情報の積み重なりが、奇妙なリアリティーをかもし出すのである。

サイゴン着任一ヵ月目の一月十二日、チャン・バン・フォン首相が「南ベトナムと米当局、政府と軍部との間の〝誤解〟は解消された」と強調する声明を出したが、すでに私は、微笑を浮かべながら自信をもって肩をすくめることができるようになった。ついで二十日、ついに仏教徒組織が指導的な僧五人の断食決行をもって、反政府運動を本格的に開始したとき、軍は本気で仏教徒弾圧にまわらないどころか、裏で手を結んで何をするかわからないという予想さえもつことができた。

一般的情勢は、いまのままの体制では急速に、全面的な崩壊にのめりこむ以外にないことを、私は人々の声なき声や、政治的な風のそよぎから肌で感じとりはじめていたのだ。確認された〝事実〟の〝論理的〟な推論による〝客観的〟な判断――という報道の公理からは、いかに逸脱しようと、この異常な土地の認識と報道はそういうあえて反公理的な方法しかないのである。

その非正統的な方法がむしろリアリズムであり、生きた〝客観的方法〟にちがいないということを私は学んでいった。

政府は倒れるか？

「あなた方の情報だとどうです？　政府は倒れますか」

とさる自由主義国の大使館の情報係官がきいた。私と共同通信の林雄一郎特派員は、大使館の一室で、いかにも情報将校出身らしい眼つきの鋭いその男と向かい合って坐っていた。その男はすでに若くなく、鋭い眼つきに暗い影を持っていた。

「別に決定的な情報などあるわけはありません」と林特派員はいった。

「明日にも倒れるという情報から、絶対に倒れないという情報まで、同じくらい確かそうな情報が好きなだけあります。おそらくあなたのところに入る情報もそうでしょう。だから問題はそれらの情報のどれをとるかというわたしたちの、あるいはあなたの判断ということになるでしょうね」

「なる程」と彼はじっと私たちの顔をみつめた。

「で、あなた方の判断は」

「倒れます」

と私ははっきりいった。

「結構でしょう。その根拠は」

「現政府は第一に民衆に支持されていません。第二に仏教徒は政府地区の民衆の唯一の組織です。第三に、もしこのまま仏教徒の運動が過激化すれば単なる反政府運動から、反米、反戦運動にまで進みます。民衆は勝ち目のない戦争に疲れているからです。が、そうなることを軍部もアメリカものぞまないでしょう。フォン首相は退陣させられます。背後から」

と私は答えた。

「私の判断はちがいます。あなた方のいう民衆というのが、どういう人たちをさしているのかわかりませんが、私のつき合っている人たちは決して意気そそうなどしていません。それに、仏教徒の指導者たちはもはや、ゴ政権を倒したときのように強力でもないし、広く支持されてもいない。私のきいた責任ある筋の意見では、このさい仏教徒勢力を叩きつぶす計画だといいます。大体、僧侶が政治に口など出すべきではありません」

「では、あなたの判断では倒れないというのですか」

「もちろんです。政権というものは、武器もない野心家どもの扇動や、群衆のデモさわぎなどで倒れるものではありませんよ」

彼は、確信と嫌悪をこめて断言した。

相手は専門の情報担当官であり、おそらく資金と情報ルートは、われわれの貧弱な個人的規模とは比較にならないだろう。それにその自信たっぷりな口調が、いささか私の心にこたえた。

事実彼がいった〝野心的な僧侶どもをこのさい叩きつぶす〟政府の決意は、すでに仏教徒本部周辺の厳重な警戒——有刺鉄線のバリケード、デルタ地帯の戦線から急遽首都に呼び戻された降下部隊の兵士たち、その兵士たちによって完全に交通遮断されて孤立した仏教徒本部、夕暮の本部前の無人の道路を長くのびる着剣した兵士たちの不気味な影に、はっきりと現われていた。

仏教徒本部は市場、商店、タクシーと輪タクの運転手に、抗議ゼネストを指令したが、警察はストに参加する者は営業許可証、運転免許証をとりあげると厳告して、ゼネストは失敗のようだった。市内各所で散発的に起こりかけたデモも次々とおさえられた。

日本人特派員たちの中でも、弾圧の空気が強まるにつれて、仏教徒の運動は成功しまいとみるものが少なくなかった。「ぼくらが間違ってるのかな」と私と林特派員は至るところに兵士と警官の立ち並ぶ街の中を歩きながら話し合った。「あの情報官の判断の方が正しいのだろうか」

だが、私は動揺する心をおさえて自分に云いきかせた。表面的な現象の裏で、軍部が何かをねらってひそかに動いていることはたしかだ。仏教徒本部に充満していた貧しい民衆たちの熱気、見込みのない長い戦争の疲れと、絶望に根ざしたやり場のない不満のエネルギーは、たしかな何ものかなのだ。

北部、中部のデモが、急激に反米・反戦的傾向を強めていることも偶然ではない。政府は必ず倒されるだろう。

この数日間は、赴任早々の不安とはちがった意味で、苦しい日々だった。私は一日に何回も仏教徒本部の前の路次裏を歩きまわって、本部にもぐりこむ抜け道をさがしまわった。路次の入口はすべてデルタの前線から急遽呼び戻された真紅色のベレーの降下兵たちが、小型軽機銃の引金に指をかけて固めていた。記者証をみせても頭から追い返される。迷路のような路次、バラックに近い粗末な家々の半開きの戸のかげに、疲れきった女たちがやせた赤ん坊を抱いてぼんやりと腰を下ろしていた。裸足に汚れたパンツ一枚の子供たちの群が、妙に興奮して走りまわっている路次を歩いてゆくと、曲り角でふと赤シャツ姿の岡村昭彦カメラマンにぶつかりそうになる。汗まみれの真黒な顔に、大きな眼をぎらぎらさせて岡村氏はうめいた。

「畜生、いま向うの横丁で狩りこみがあった。警官どもが女子供まで手あたり次第にひっくくってトラックにほうりこみはじめたんで、わざとカメラを向けてやったら、おれまでつかまえようとしやがった。思いきり突きとばしてやったがね」

デモの起こる可能性の最も多い中央広場には、開高健がのそのそ歩きまわっていた。「どうや、情勢は」「悪いな」「あかんか」「だが舞台裏では何か臭いがする」「陰謀の臭いか」「臭いだけが頼みさ」「頼りない話やな」

夜は下宿の隣室の林特派員と、昼間歩きまわって集めた光景や臭いやうわさを交換しては情勢を分析した。同じ外報部（外信部）出身の林記者とは、ベトナム問題における基本的理解においてほぼ一致していた。つまり、個々別々の、一見偶然とみえる現象にも一つの歴史が底流しており、逆に歴史の必然というものは決して宙に浮いている図式でも観念でもない。それは、偶然のあいまいな諸現象を通じてのみ現われるものだ、ということである。だから私たちは冷房も風呂もない下宿だったが、一日に四度も五度も水をかぶっては街中を走りまわり、偶然眼にした事件、耳にした情報から一つの方向と、事態の基本的な流れを見通そうと努めた。

その頃には、二人ともそれぞれの情報網を開拓しはじめてはいたが、かといってあらゆる情報が入ってくるわけではなかった。ここでは僧侶でさえも意識的に嘘をつくのである。

二十二日の午後、僧侶たちが初めて米大使館前でデモをしたときも、その日の午前中に、指導的な僧の一人に「デモをやるんではないか」とわざわざ聞いたのだった。そのとき僧は「仏教は暴力を禁じています。われわれはあくまで、非暴力闘争の線をまもります」と、こともなげに云った。

それでも念のため、仏教徒本部附近、中央広場、米大使館前、国家主席官邸になっているジャロン宮附近など、デモの起こりそうな場所をひとまわりして、それらしい気配のないのを確かめて下宿に戻った。

昼食をとってひと休みしているところへ、開高健から急に電話がかかった。

「なにをボヤボヤしてるんかいな。デモだっせ。米大使館前のとびきり上等のやつや」

「畜生、ここの坊主は髪は結わなくとも、嘘は立派につくらしい」

とあわててとび出して行く始末だった。

したがって新聞も政府発表も信頼できない以上、自分の眼と耳で確かめたものから事態の方向を見究めるより仕方がない。といってもつねに「何か見落とし聞き落としているのではないか」という不安が私たち新聞記者にはつきまとった。一つの場所にいると、別の場所で、いま何か起こっているのではないか、という恐怖につねに襲われる。

サイゴンにおいては、事態を判断するという思考の緊張より、むしろ大切な材料を欠いているのではないかという、不断の不安と戦う神経の緊張の方が私にはこたえた。

だが、仏教徒指導者たちが、ついに全面的に政府打倒運動に踏み切った背後には、行きづまりの対ベトコン戦に対する政府側民衆の絶望感、政府の指導力に対する不信、最後の打解の道を見つけようとする欲求といった基本的な状況の緊張があると私たちはみた。そしてこの底流のうねりは必ずや、民衆に基盤をもたずアメリカの援助と将軍たちの権力争いの思惑だけでかろうじて命脈を保っている弱体政権の土台をつき崩すはずだと信じた。材料が完全でない以上、その不足を補うものは、この基本的な状況判断しかない。ほとんど祈るような気持で、私はこの一ヵ月半余の間に、自分の中に蓄積された状況推移のイメージとその方向に対する勘を信じようとした。

客観性の神話

私はいま「信ずる」と書いた。ジャーナリストがこういう云い方をするのに、眉をひそめる人が多くいることを、承知の上である。記者の主観的な信念で書かれた記事を、信用するわけにはいかない、とその人たちはいうだろう。よろしい、私はあえて反問する。

第一、あなたなら完全な情報を集めることができるか。一ヵ月五千ドル（百八十万円）の取材費をもらえば情報の五〇％はカバーできるかもしれない。目抜き通りの中心地に電話つきのオフィスをもち、常勤助手を五人雇い、各官庁、各勢力、各派閥の中にひとりずつ情報提供者をおく。つまり二十人の個人スパイを最低月百ドルでつくれば、一応安心できるかもしれない。が、月百ドルぐらいの金では、街中には公衆電話など一つもないサイゴンで、早朝、深夜までは連絡してくれない。彼らは自分の地位を危くしてまで、情報は流さないし、意識的にこちらを逆利用したり、他社とかけもちの者も必ず何人かは含まれる。たとえ月一万ドル（三百六十万円）の取材費を使っても、東京で月五百八十円の新聞ひとつをとるより安眠はできまい。サイゴンとはそんなところだ。

第二に、ではどうするか。偶然に見聞きした事件と情報の断片だけを、片端から打つのか。午前中「仏教徒はデモをやらないといっている」と打ち、午後に「僧侶が米大使館でデモをした」と打ち、今日は「軍は戦線から予備軍を続々サイゴンに集めて仏教徒を圧《お》さえている」と打ち、翌日は「グエン・カオ・キ将軍がひそかに包囲下の仏教徒本部に入って密談した」と打つのか。読者は何のことかさっぱりわからないだろう。「新聞は読者に判断の材料を与えればよい、判断は読者がする」というもっともらしい意見がある。もちろん記者の意見を露出させた記事は、拙劣な記事だ。そんな記事はまず本社のデスクで没になる。だが材料そのものでさえまったくの記者の主観なしに集め、書けると考えるのは神話にすぎない。

材料を材料と認知するところにまず判断が働いており、それを文章にするときさらに、判断が働く。「カメラマンのレンズのような無私の客観性」とよくいわれるが、カメラのレンズでさえ二八ミリの広角を使うか、二〇〇ミリの望遠を使うか、低く構えるか、見下してとるか、黄色フィルターをかけて陰影を強調するか、焦点をしぼるか、パンフォーカスにするか、などによって、全く異なった効果の写真になることは、少しでも写真をとったことのある人なら知っているはずだ。

まして人間の書く文章に、無私の客観的文章というものは存在しない。無私の客観的文章らしくみえるのは次の二つの場合に限る。

㈠、火事や台風などきわめて単純な素材の場合。

㈡、その時代その社会の最大公約数的主観性にのっかって書く場合。

いわゆる新聞的文章といわれるもののイメージは、この二つの特殊なケースの文章からきているが、㈠の場合も純粋な自然現象、たとえば太平洋上に熱帯性低気圧の発生といった場合ならそうかもしれないが、たとえば台風が上陸して被害を及ぼすと、すでに気象台の予報に対する批判、日頃の予防措置に対する批判、救助作業、復旧作業に対する批判などの主観性がどうしても混入される。

また㈡については、ダンプカーが横断歩道を通行中の小学生をひき逃げしたような、誰もが共通の判断をもちうる事件ならいいが、米原子力潜水艦の日本寄港となるとすでに何を書かないか、たとえば中国に対する脅威と、その反作用を書くか書かないかによってひとつの主観的立場の表現となる。

したがって㈠多少とも人間にかかわる事件の場合、㈡その事件に対して万人共通の自明の判断と評価を下しえないような場合——には、主観的であることを意識するかしないかのちがいでしかなくなる。そして客観的だと信じこんでいる無意識の主観性こそ、最も読者を誤るものである。

ベトナム報道はいわば熱帯性低気圧の発生や、小学生のひき逃げ事件のほとんど対極にくる反対の意味で特別な例であろう。気象庁の発表はないし、共通の評価がないどころか、一つの事件、一つの現象に対して全く正反対の評価と判断が一応の説得力をもって同時に成り立ちうる。

さらに微妙なことは、交通事故や火事のように、一回きりで完了する事件ではないことである。ベトナムの事態は、縦は過去から未来へ、横は世界各国へとひろがりながらおたがいに影響しあう現在進行形の事件だということだ。

一つの事件はさまざまの過去からの加速度、歪み、行きがかり、恨み、幻滅を幾重にも負いながら、将来への複雑な思惑、期待、試行錯誤、ずるい観測気球、失敗覚悟の絶望的行動、陽動戦術、牽制作戦、布石、アリバイづくりなどの諸要素を内在させながら不断に広がって変化する。

いってみれば、平穏な状況の中の社会的事件は、輪郭の明確な一個の石塊のようなものである。動乱後進国の政治的事件は、不断にうごめき這いまわる不定形のアミーバのようなものなのだ。

あるいは次のような比較がより適当であろう。平穏な状況での社会的事件はニュートンの古典的力学が通用する眼にみえる物体の世界であるのに、ベトナムのような政治的動乱事件は、古典力学の因果律などは、もはや通用しない世界であって、ここでは因果律は乱れ、同時性は無意味となる。したがって、観測主体との相互作用を除外した対象そのものの像は成立しない。ローレンツの収縮は決して見かけではない。物体は実際に収縮し膨張し、客観的なそれ自身の実体ということは意味をなさないのだ。心を落ちつけ眼をすまして見すえれば、その物の姿がありのままに見えてくるという古典的認識――ニュートン力学から自然主義文学まで十九世紀的な文化の根底を支えてきたこの公理は、もはや全能の公理ではない。

同じように、誰が書いてもほぼ同じ記事ができる社会的事件の方がむしろ特殊な例であって、観測主体との相互作用を無視して対象そのものの姿を捉えることはできない。ベトナム戦争のように対象の姿は石塊のように明確にではなく、不断にうごめきまわるアミーバの不定形のうごめきを確率的に示唆することしかできない、という動乱渦中の政治的事件の方が、世界の基本的な在り方ではないかと私は考える。

したがって本来、客観的なはずの新聞報道のあり方が、たとえばベトナム報道の場合〝偏向〟

しているといった批判は、世界とその認識（報道も認識のひとつのあり方だ）についての逆立ちした考え方に由来する。報道者自身の主観がにじみ出てくるベトナム報道の、不安で不確定な報道の姿こそ、実は最も本来的な認識と報道の在り方だといわねばならない。

私は多くの書斎的批判者の不満を承知のうえで、私自身の不安な六ヵ月の体験の全重量をこめてあえていう――客観的だと思いこんでいる鈍感な報道者の、実は主観的な報道より、完全に客観的ではありえないことの限界を鋭く自覚したうえで、主観と客観の相互作用のより生き生きとしたあり方に虚心に務めることの方が正しいのだ、と。

これまで通常外電や外国の雑誌・新聞など、外国人記者の眼を通過した素材と論理を使いながら、客観的と思いこんできた日本の国際情勢報道のあり方、また直接自分の眼で取材しながら、故意に批判を回避してきた敗戦までの日本の新聞報道のあり方についてのかねての疑念を、私はソウルでは漠然と、サイゴンではかなり明確に意識した。

ソウルでもサイゴンでも、私たちは、外電に頼らなかった。外国人特派員と対等に戦おうとした。もちろん送稿の速さの点では、毎日無電放送の時間を買いきりにしているＡＰなど欧米の大通信社とたち打ちはできなかった。したがって、おそらくこのニュースならＡＰもほぼ同じように打っているだろうと考えられる生ニュースは、ＡＰにまかしたが、このニュースはＡＰは私とちがう角度から捉えるだろうと思ったニュースは、たとえ小さなニュースでも打った。ＡＰの主観に対して私の主観を、私は少なくとも対等に考えた。そして私の主観をこめることを私はおそれたことはなかった。

コレスポンデントの誇り

日本では通信員という制度が一般化していないが、アメリカの場合ストリンガー（通信員）とコレスポンデント（特派員）との区別は実にはっきりしている。

たとえばアメリカ人記者に「きみはどこの社のコレスポンデントか」ときくと、肩をすくめて「いやおれはコレスポンデントじゃない。まだストリンガーなんだ」と答える。また「ぼくは日本のコレスポンデントだ」というと、単なるストリンガーではないという意味から一種の尊敬をこめて「グッド」といってくれる。

ストリンガーとは、材料の断片の提供者にしかすぎないが、コレスポンデントはそれ以上のもの、つまり情勢の全体の動きのイメージの中でニュースを捉え、またニュースの意味と見通しを書くことのできる報道者のことだ。だからストリンガーは幾つかの社をかけもちできるが、コレスポンデントは原則として一社専属である。意味づけと見通しは主観的な作用だが、その主観が単なる既成の図式や観念のおしつけ、個人的でしかない感情の露出ではないことを信頼されたものが、コレスポンデントの資格を与えられる。ゴ・ジン・ジェム政権の独裁と腐敗と戦争の仕方を徹底的に批判しつづけて「ベトナム戦争ではなくてこれではハルバースタムの戦争だ」といわれたというニューヨーク・タイムズ紙のハルバースタム記者は、まさにすぐれたコレスポンデントだった。

もちろん自社の立場や傾向を決してかくさない欧米の新聞とちがって、数百万を読者にして、一応「公平、中正、客観的」を標榜する日本の大新聞社の特派員にとっては、欧米のコレスポンデントほど自由であることはできない。特派員の主張を露出させることは許されない。だが次の二つの仕方において、私たちは私たちなりに単なるストリンガーでないことを証明しようとした。
一、事態そのものに即しながら、その意味づけと見通しの中に〝自分〟をこめる。
二、直接に批判ないし意見を加えたいときは、そのような批判をしゃべってくれる人をさがしてその人の意見として書く。
といっても実際には次のような形になるのだ。
一、すでにもっている自分の見通しを事態に押つけるのではなく、一定の期間内の事態の動きをできる限り綿密に追って、その体験から自分の見通しを少しずつ形成してゆき、眼前の状況の動きとすでに生まれかけている自分の見通しの間で、活発な相互作用を働かせる。とくに私の場合、ベトナム情勢に既成のイメージも見通しも全然なかったことは、先きに書いたとおりであって、現在私がベトナム問題に何らかの意見をもっているとすれば、それはベトナムの現実がつくりあげ呼び出してくれた意見である。だから考え方によっては私自身の意見ということはできないともいえよう。

二、同じように、すでに頭の中にある自分の意見と同意見の人を探してしゃべらせるというより、日頃からできる限りさまざまの人と話し合うことによって、ふと「成程、そうか」と理解するのである。これは何も政府高官や知識人である必要はない。

むしろ輪タクの運転手、カメラマン、女中、バーのボーイなどがさり気なく吐き出すようにしゃべる意見の中に、はっとするようなことがあるのだ。そのことを書き止めておいて、記憶しておいて書く。

そのような意味と仕方において、いやしくもコレスポンデントは、正しく主観的であることをおそれるべきではないし、真の生きた客観性とは正しく主観的であることなのだ。そしてサイゴンで生き生きと主観的であることの誇りは、火事の記事を書いたり、情勢の断片を右から左に送り伝えするだけの貧しい客観性にくらべるとき、いかに不安にみちていることか。

見通しの不安

降下部隊と乱闘警官隊に包囲された仏教徒の本部は、無人の大通りのほこりっぽい陽炎の向うで、ひっそりとしずまり返っていた。降下部隊のサブマシンガンの台尻りで押し戻されながら、医者と看護婦をのせた自動車がそっと横手の門から出てくるのを私はみた。

中の指導的な僧五人の断食は、一週間目に入っていた。二人ほどの僧がかなり衰弱しはじめているといううわさが、しきりに流れていた。ゼネストの指令は失敗に終わって、二月初めの旧正月をひかえて、市場には色鮮やかな果物や祝いの加工食品が山をなしていたし、旧正月に飾る鉢植えの花をならべて、花市が街頭に並んでいた。街の表面は兵士をのせたトラックの行ききが比較的はげしくなったのと、暗緑色の乱闘服の武装警官の数がふえた以外、いかにも平静そうだった。道行く人々は仏教徒本部の奥で僧たちが衰弱しつつあることなど、念頭にもかけてないようだった。

だが、MACVのブリーフィングでは、記者たちにつっこまれて米大使館スポークスマンが、フエ、ダナンなど北部の仏教徒の動きが急迫していることを明らかにしていたし、グエン・チャン・ティ第一軍団長がデモや壁にスローガンを書きなぐるのを禁止する命令を出したにもかかわらず、反米スローガンがあとをたたず、反政府デモに兵士たちまで加わりはじめたという情報が伝えられていた。そしてあるベトナム人記者はいった。

「ティ将軍はそれを見て見ないふりをしてるぜ。このことは意味深長だよ」

サイゴンでもグエン・カーン司令官がひそかに仏教徒指導者たちと連絡をとって、何ごとか画策しているらしいという情報が何ヵ所からも伝わってきた。

「仏教徒と軍の間には何かがあるな」

と林記者がいった。

「ぼくもそう思う。そしてその結び目は」

とぼくは答えた。

「おそらくタム・ジャク師だ」

タム・ジャク師は東京の大正大学に留学したことがあり日本語が少しでき、昨年末から従軍僧組織の責任者として、陸軍中佐の肩書きをもらって軍提供の従軍僧本部の建て物にいた。だがこの容貌怪異なる僧は東京で仏教学より柔道に専念していたらしく、市の郊外にみずから柔道道場をもっていた。

また統一仏教会の幹部の一人でその方でも政治的に動きまわっている。電話の不便なこの市では、足でさがしまわるしかない。翌朝早く若い林記者は下宿をとび出してゆき、昼すぎ興奮して戻ってきた。

「間違いない。将軍と坊主は密約を結んだ。タム・ジャク師はそれを否定しなかった。ただその内容は公表されるまで伏せておいてくれということだ。代わりに国連事務総長にアピールの電報を打ってくれと頼まれた。彼らの動きは全部チェックされてて打てないというんだ」

「よかった。で、その内容は」

「軍が政府を倒してやる。その代わり仏教徒は今後二年間、反政府デモをやらないという約束だ」

「二年間とはまた長い約束だな。この国じゃ二百年先きの約束をするようなものじゃないか」

「そのところはタム・ジャクの日本語では怪しいが、ある約束ができたことは間違いない。政府は倒れるぞ」

「よし、打てよ。きみのスクープだ」

そして林記者は短かく反政府クーデター必至の記事を打った。どこの外電もまだ打っていない、いわば国際的なスクープだった。彼が怪僧タム・ジャクを探し出して聞き出したスクープに敬意を表して私はその日は打たなかった。林記者が止めたわけではない。むしろ彼は一緒に打とうといったが、他人の努力の尻馬にただで乗っかるのは私の趣味に合わなかった。

翌朝私は別の筋でその密約説をあらためて確かめてから、情報としてではなく①全般的に現在の政府はゆきづまって倒壊の運命にあること、②だが武器もない仏教徒は、自分たちだけで武装した権力を倒すだけの力のないこと、③一方将軍たちも現在の形式だけの民政には不満なこと――という条件をあげて、したがって当面両者の利害は一致し、協同して倒閣に動く必然性は濃厚である、との論理的判断を骨組みにして長い記事をかいた。

この現状認識と推理には自信があったが、困ったのは倒閣のタイミングの問題で、「近い将来」とするか「間もなく」とするか「今明日中にも」とするかでしばらく迷ったあげく、いわば拝み討ちの気持で「今明日中にも」と打った。

「明日か明後日までには倒れてくれないと困るな」

と私は林君にいった。

「ぼくも困る」

「一緒にフォン首相のところに頼みにゆくか」

といって笑いながら、私たちは内心実に不安だった。同時にその不安のかげには、賭けのスリルがあったことも嘘ではない。

「仕様がない。もう引導渡しちまったんだから、あとは結果を待つより仕方がないさ」

天井の旧式の扇風機がなまぬるい空気をかきまぜるだけの午後の部屋で、私たちは汗びっしょりになって昼寝をした。

翌二十七日午前、私たちは国営ベトナム通信社にふらりと顔を出した。別に期待があったわけではない。ところが一階の編集局に入ってゆくと、室内は異様に緊張していた。編集局長が一枚の印刷物を渡しながら興奮した表情でいった。

「いま、これがまわってきた。カーン将軍の布告だ。正午に放送される。フォン政府は吹きとんだ」

私たちは急いでメモノートをとり出した。親切な局長はベトナム語の布告文の内容を英語に訳してくれた。お礼もそこそこに二人は転がるように外に出た。

「やったぞ」

「さあこれで密約の内容も解禁だ」

「ざまあみろだ」

「誰にざまみろだい」

「絶対に政府は倒れないといってた連中全部さ」

下宿に帰って階段も二段ずつとび上がると、すぐにタイプに紙をはさんだ。昼食もぬきに片手にバナナをかじりながら思いきり打ちつづけた。

ひと区切り毎の原稿を助手に電報局にもって行かせた。打つことはあとからあとからいくらでも出てきた。一ヵ月前の半クーデターのときは、打とうとしても骨組だけで血肉になる材料がなく、びくびくしながらやっと打ったことを、ふとなつかしく思い出しながら。汗が指先きからタイプのキーに滴り落ちて幾度もキーが滑った。

夕方、原稿を打ち終えて仏教徒本部に行った。降下兵も警官隊も姿はなく、有刺鉄線のバリケードが道の端にほうり出され、いっぱいに押しあけられた鉄の正門の前には、すでに屋台店さえ現われていて、広い構内はつめかけた信者たちの群でわきかえっていた。本堂の釈迦像の前では婦人たちが涙を流して幾度も頭を下げていた。

ボーイスカウト式の服装をした仏教少年団員たちが、塀に張りめぐらされた反政府スローガンの幕をおろしていた。あちらこちらで坊さんや尼さんを囲んで人垣がつくられ、信者たちは〝法敵〟チャン・バン・フォン首相の敗北をよろこびあっていた。彼らは正午のカーン将軍の倒閣クーデター声明の放送をきいてかけつけた連中だ。

人々の興奮とほこりっぽい夕暮の熱気が渦をまいていた。彼らはおそらく将軍との密約のことは知るまい。この勝利の代償は高くつくはずだ、と私は思った。顔みしりの本部事務所の若い書記がいた。「よかったな」といおうとして、彼の顔は決して一般信者たちのように明るくないのに気づいた。

「きみは知ってるな、あのことを」

「大体知ってる」

とその書記は答えた。

「これからが大変だろう。カーン将軍がどういう風に動くか、ぼくらは心配している」

「そう。皆はよろこんでるようだが」

その夜、私は吐き気のするほどの疲労をこらえて、もう一本電報を打った。政府は倒れ仏教徒の反政府運動はこれで終わったが、この終幕はそのまま新しい劇の幕あきだ。カーン将軍が新しい台風の眼となるだろう——と私は書いた。

通行禁止時刻間近く深夜の街を輪タクで電報局から戻りながら、二十日の仏教徒の断食闘争開始以来の、長かった一週間を思い浮かべた。

道にはすでに人影はなく、警官だけが街角にぼんやりと立っていた。風もないねっとりとした闇の中で、ひょろ長いタマリンドの街路樹の茂みが遠く郊外で砲声のひびくたびにざわざわとゆれた。

一週間前、某大使館の情報官とかわした議論を思い出して、私はひとりでニヤリとした。ざまあみろさ。昨日の電報も「今明日中」で当たったわけだ。心からよかったと思った。

だが一週間もたてば、私のそんな記事など書いた本人以外だれもおぼえてはいまい。ソウルのときも、学生たちが統一運動に動き出したと初めて記事にしたのも私だったが、帰ってからそのことを言いかけたら、デスクの誰もがそんなことがあったっけという顔をした。

今度だって帰ったとき、いまこうして不安に駆られながら打っている私の記事のことを、おぼえているものは誰もないだろう。急に疲労がにじみ出してきて、濃い胃液が胃壁を灼くのがわかった。

「むなしいものだな」と思わず声に出していった。止まれといわれたと思ったらしく運転手があわててブレーキを踏んだ。「ちがうよ。こっちのことさ、ディー・タム、ディー・タム（真直に行け）」と私は大声でどなった。そうだ。私自身も、もはやディー・タムしかない。この悪夢のような濃く重い混乱の中を。

第四章　底流の認識

表面だけの平安

ベトナム戦争はおそらく米中戦争まで発展するだろう、今となってはもはやそうなるより仕方あるまい、一九六五年の初めなら解決のチャンスがあったのに——と一九六六年夏エドガー・スノー氏はいった。

米中戦争が不可避かどうかの論議はいまはおくとして、六五年初めには平和解決の可能性があった、という氏の指摘を、私はサイゴンから帰って東京本社のデスクで読みながら、さまざまな感慨に襲われた。やはりそうだったのだという思いが強く湧いた。あの頃だったのだ——あそこでベトナム情勢は大きく、深く転換した。もしかしたら、もはや取り返しのつかないところまで鋭くまがってしまったのだ。

それは、無血クーデター成功直後の、記者会見にあらわれたグエン・カーン将軍を撮った写真の、現像をたのみにいった写真屋の店先きに、桜に似た濃い黄色の花の鉢植えがかざってあった旧正月の二月はじめの頃だった。

クーデター後三日目の夜明けの一時間前、中央広場の歩道の一角に飛び散ったベトコン工作隊員の少年の血も、待ちかまえていた消防車のホースがたちまち洗い流してしまった。その数日後からはじまった旧正月の間、人々は戦争もクーデターもどこ吹く風で夜間通行禁止一時解除の街を、夜更けまでぞろぞろがやがやと歩きまわっていた。老人たちは黒い輪のような帽子をかぶる伝統的な礼装で訪問し合い、子供たちは禁制の爆竹を平気で鳴らしまくった。特に驚いたのは大晦日の夜、チョロンの中国人街に若い男たちが大勢歩きまわっていたことだ。「正月だけは警察も大目にみるんです」と助手が説明してくれた。「みんな徴兵令が出てるんだろ」「もちろんです」「こんなにまだ若い男がいたのか」「いつもはちゃんとかくれてますからね」

再び軍・政両面の全権をにぎったグエン・カーン将軍は意外に低姿勢だった。「去年の秋、大統領就任をねらって猛反対にあった経験があるからさ」と人々はいった。またベトコン少年の公開銃殺を、人々は対ベトコン戦強力遂行の決意の誇示だともいった。だが私の頭には、暮の全軍布告――「ベトナム問題はベトナム人の手で」といったカーン将軍の言葉が残っていた。公開銃殺は一種の偽装で、低姿勢の方が本ものなのではないか、と私の中の勘はささやいた。全軍布告以来カーン将軍とテイラー米大使の仲がきわめて悪いというのは公然の秘密だった。仏教徒の反政府運動を利用してカーン将軍は再び全権をとり戻した形だが「現在のカーン将軍はこれまでのカーン将軍とはちがう」と仏教徒急進派の最高指導者チ・クアン師がいったという話もきいた。

一体利用しているのはどちらなのか。チ・クアン師の方が軍内部でも落ち目のカーン将軍の方を利用しようとしているのではないか。もしそうだとすればチ・クアン師はどういう方向にカーン将軍を利用しようとしているのか。チ・クアン師はサイゴン・デイリー・ニューズ紙主筆とのインタービューで「私は決して反米主義者ではない」と平然と答えてから「断食で疲れたからフエの私の寺に帰って静かにバッハかベートーヴェンでも聴くつもりだ」といってさっさと北部のフエに戻っていった。

同じ日MACVのブリーフィングで、米大使館スポークスマンが「過日の反政府運動の最中、仏教徒本部内でこのようなビラがまかれていたことに、諸君も注目していただきたい」といって「アメリカは景気後退回避のため戦争の継続と拡大を必要としている」という内容の反米ビラのコピーを記者団に配った。「大使館当局がこのようなビラをわざわざコピーをとってわれわれに配布するのは、どういう意図であるか」と質問した記者たちに、スポークスマンは「どのようにでもご想像下さい」と答えた。

奇妙な日々だった。フォン政府崩壊という一点に向かって急流のように流れた情勢が、いまはとろりとよどんで、表面は静まりかえりながら、水面下では何か不気味な底流がうごめきかけている気配が強かった。何かあると私は感じた。

こういうときが情勢の判断が一番難しいのだ。着任以来二ヵ月。手さぐりの第一期は無我夢中で終わり、表面の事態の動きを見返す第二期も汗まみれで市内をかけまわり、夜更けまで隣室の林記者と議論しながら、一応のところまできたと私は感じた。そしていま私は水面下の暗い底流のひそかな動きに、眼を注ぐことができるようになった。

何事も不可能ではない

私は政府軍のある諜報部員と親しくなっていた。本人に迷惑がかかる可能性がないわけではないのではっきり書くわけにゆかないが、彼が金のために私に情報を売っていたのではないことは彼の名誉と私たちの奇妙な友情のために断っておこう。爬虫類めいた冷めたく暗いニヒルな面と、妙に人なつこい優しさとのまじり合った男で、私は彼を好きだった。彼が私をどうみていたかは知らないがおそらく私の中に、ある種の同質性を感じていただろうと思う。だから物質的にも政治的にも大して利用価値のない私に、ぼそぼそと、別に秘密めかしく気取るのではなく「こんなことはつまらないことだ」という調子で、よく生命がけの調査の一部を教えてくれた。彼は、小型ピストルをいつもホルダーでわきの下に吊っていた。もちろん、事の性質上、私が直接確認することのできない事柄が多かったが、グエン・カーン将軍が全権を回復した直後に、すでに同将軍の地位は不安定だとはっきりといった。

彼はカトリックだったが、熱心な仏教徒のふりをして、仏教徒本部に自由に出入し、指導的な僧たちにもかなり信用されているようだった。仏教徒組織内の会議の内容なども大体その日のうちに彼をとおして私は知っていた。そしてその信用を利用して、彼は指導的な僧たちの前歴を細かく洗っていたようだ。その調査がどれほど確実かはわからない。だがチ・クアン師について、彼の実弟三人のうち一人はハノイの高官、二人はベトコンのゲリラ隊長と軍医だといい、チ・クアン師はベトコンと連絡があると確信あり気にいった。
また幾人もの指導的な僧たちが前歴を洗ってゆくと、ある時点から先きがぷっつりと切れている、つまりジャングルの奥に消えているともいった。統一仏教会といっても、ハノイ育ちで一九五四年ジュネーブ協定後に南へ逃れてきたタム・チャウ師を頭とする徹底反共派の一派と、解放戦線に近い反米・反戦的なチ・クアン師の一派とがはっきり分かれていて、決して〝統一〟されてはいないと当時すでにしきりに彼はいったが、そのことは一年後の一九六六年春の反軍事政権闘争の過程でのいわゆる急進派と穏健派との公然たる分裂によって証明された。

彼のいう線は次のようだった。

――軍内部でも落ち目だし米当局の信頼もがた落ちになったカーン将軍は、チ・クアン師ら親ベトコン派の仏教徒に近づき、ベトコンとの和平交渉をひそかに行なっている、そしてそのようなカーン将軍の動きは米当局にもわかっているし、反共抗戦派の将軍たち、たとえばカトリックのグエン・バン・チュー将軍、ハノイ出身のグエン・カオ・キ空軍司令官を怒らせている、近くもう一度クーデターの揺り戻しがあるだろう。

一年前「アメリカの忠実な息子」として登場し、マクナマラ米国防長官がサイゴンにきたときは手をとり合ってカメラマンたちにポーズしてみせたカーン将軍が、いまや蔭でアメリカを裏切ろうとしている。――信じがたい話だが、ここでは何事も絶対に信ずることは不可能だから、どのようなことも不可能だと断定し去ることもまた不可能なのだ、という奇怪な弁証法のリアリティーを私は理解しはじめていた。少なくとも私は諜報将校の話を聞きながら、ほとんど驚かなかった。むしろあの全軍布告以来、内心私の予想していたことが少しずつ形をとってゆくようにさえ思われた。

ゴ・ジン・ジェム大統領の弟のゴ・ジン・ヌーが、アメリカの支持を失ってからハノイと交渉しようとしていたと公然といわれていた。また、ゴ政権を倒したあとの軍事政権の最高指導者ドン・バン・ミン将軍も「中立主義的な動き」を策動したと非難され追放された。ミン将軍の弟が解放軍の有能な指揮官だということは秘密でも何でもなかった。いまや明白にアメリカの寵を失いつつあるカーン将軍が前二代の指導者たちと同じ道をとりはじめているとしても、決して不条理な動きではない。むしろアメリカに利用されつくして捨てられようとしている彼がとるべき道は、それしかないのではないか、と私は思った。

この頃のある日、土地の新聞社で不思議な文書を手に入れた。グエン・チャン・ティ第一軍団長以下若手将軍たちが書いて配布したというグエン・カーン将軍弾劾文書だった。

それはかなり長文のもので、ティ将軍がかつてゴ・ジン・ジェムに最初のクーデターを起こしたとき、これを阻止して失敗させたのがカーン将軍だったという暴露からはじまって、カーン将軍がいかに権力獲得と維持のためには手段を選ばぬオポチュニストであるかを、言葉をきわめて非難していた。これがたしかにティ将軍の筆になるものか、それとも偽造文書なのか。

私は林君と一緒に下宿から程近い、サイゴンのティ将軍邸を訪れた。だが出てきた副官は、将軍はフエに行っていて留守だとしか言わなかった。

もちろんまだ現在はサイゴン政権の最高の権力の座にあるカーン将軍が、ベトコン側と秘密交渉していると書くことはできなかった。だが半ば公然と市内に配られた秘密弾劾文書のことにも触れながら、カーン将軍に対する反対派の動きが次第に活発になっているという記事をその夜、私は苦心して注意深く書いた。記事にしたのはまさに氷山の一角だが、そのかげには以上のような情報と推理があったわけだ。その記事はかなり大きく掲載された。

文章と報道態度

普通、新聞記事は「ありのままに」書くといわれている。だが、たとえば三の材料を三だけ書いた記事は、簡単な事件以外は不思議と没になる。十の材料を三にとどめて、あとの七はわかる人はわかってくれるだろうと信じて書かない記事の方がよく掲載された。文章というものは決して鏡のように事象を右から左に反映し透過させるだけの媒体ではなく、表面の記述と論理と描写以上の奥行、陰影、深み、ヴィジョンをも伝えてしまうのだ。水面上に出た一角しか書かなくても、記者が氷山の全貌のイメージをもっている場合は、暗い水面下の部分も自然に表現されてしまう。

その意味では新聞記事も、とくに複雑な情勢の観測記事の場合は、くだらぬ中間小説などよりはるかに微妙な文章表現の効果を発揮するのであって、私が書き出しの一節に三日も苦労しているのを、隣室の林君はときどき「まるで小説でも書いてるようだな」と笑っていた。私は自分の記事のあるものは中間小説の流行作家たちよりはるかに文章に神経を働らかせたつもりだ。特に形式論理的には証明されないが、事態の底流に微妙な変化が起こりかけていることの重大さを伝えるためには、それなりの表現の苦労が必要だった。

　新聞記者たちの中には、文章なんてどうでもいい、事実と論理が伝わりさえすればいいんだという考えのものも少なくないが、本当にわかってもらうためにこそ、文章に苦労すべきだと私は確信している。いわゆる美文や名文といった修辞《レトリック》の問題ではない。「決定的」とか「重大化」とか、ことさら深刻な形容詞を安易に使って深刻めかすことでもない。表現そのものの問題である。まともな事実と論理の成立しない相補性と不確定性原理の動乱の世界では、素朴リアリズムと形式論理を越えた認識と表現の工夫が当然必要なのだ。この場合、言葉はもはや伝達の手段ではなく、認識の姿勢そのもの、表現の内容そのものとなる。

　そして言葉をそのように、つまり書く前からすでに石塊のように限定されてそこに転がっている事象を単に伝達するだけの手段としてではなく、またあいまいな内容、単純な論理を美文調でごま化す小手先きの修辞の技術としてでもなく、書くこと自体が事象をあいまいな黒い霧の奥から呼び出し、浮かび上がらせる操作であるように使うためには、筆者（といって私自身は筆をとって下書きしたことは一度もなく、いつもタイプライターにローマ字を直接に打った）の内部にある程度以上の予感と実感、見通しとイメージの沈澱がなければならない。

グエン・カーンについて書くときは、記者会見の席に並んでも他の将軍たちとくらべてやはり野心とずるさとフラストレーションとエネルギーの混交した不思議な貫禄をもって際立ってみえる彼の風貌とイメージ、有名なあごひげもそり落とした一種の挫折感の表情、裏に抜け目ない図太さを秘めたその態度、そこから受ける「まだ何を企んでるかわからないぞ」という印象が強くわきあがってくる。この数ヵ月間の彼の言動についての記憶、彼をめぐるさまざまな人々のうわさなどがある場合とない場合とでは、「消息筋によれば」とか「……とみられる」とか「注目される」式の決まり文句を使った記事の中でさえ、言葉の重さがちがい論理の肉付けがちがう。そして、その記事全体が与える効果は微妙にちがってくる。

またどのように冷めたく硬い即物的な文章の場合でさえ、言葉には筆者のそうした過去の全体験、全印象、思考の重みが含みこまれているのであって、そのような個人的、主観的な陰影と感触を全くもたない文章というものは元来存在しない。違いは次の二つの場合に生ずるのだ。

一、他人から学んだにせよ、自分でつくりあげたにせよ、すでに過去の一定の時点に自分の内部につくりあげた何らかの図式、先入観、好悪感を、そのままかたくなに保持して、その枠内で捉えられる事象だけを認知し、はみ出す事象は除外してしまう態度。つまり、刻々の現在の事態の新しい展開に対し、もはや新しい疑問も驚きも不安も感じない閉じられた貧しく傲慢な態度。

二、これに対して、過去の体験と印象を背負いながら、眼前の事態に鋭敏に眼と全神経を開いて、不断に自分の予感を検証し、自分の論理を補足し修正しつつ、つねに自分の観念とイメージをつくりつづけていく態度。

つまり、同じ主観的要素でも、後向きに閉じられた主観性と、前向きに開かれた主観性とがあり、この前者の硬化した主観性は言葉を単なる貧しい伝達の手段にしてしまうのに対して、後者の柔軟に開かれた主観性こそ主体と状況とのつねに生き生きした相互作用を確保する。そうすることによって、真の客観性を生み出すことができる。言葉という、本来客観的であって同時に主観的なものが、正しく主観と客観の相互作用として働き出すことができるのだ。

その意味で、言葉の問題に対する鋭敏な誠実さというものは、決して報道の技術の問題ではなく、報道者の基本的な態度の問題でもあろう。

単に主観的でしかない主観性を強引に押しつける態度、つねに起こってしまった事件のあとを過去完了形で後から追いかける受身の貧しい客観性——この双方の誤まりを避けながら、事態をつねに現在進行形で、とはつまり兆しはじめた事象、姿を現わしかけた事件、底流のうごめきはじめた情勢をその兆しとうごめきのうちに、自己の見通しの勘との生き生きとした相互作用として捉えるためには、文章と表現の工夫ということは決定的な問題である。

表面は平静そうで、明らかな事件の形をとって現われる事件は何もないにもかかわらず、底流ではひそかに不気味な何かが進行しているらしいこの時期に、私はそのように見ることと書くことの深い関係を、あらためて思い知らされた。文章について私が多少とも専門的に考えていたからだけではない。向こう側にたしかに何かの影がちらついているらしいにもかかわらず、濃い霧がたちこめて簡単に捉えることのできない状況の中で、少しでもその怪しい影の正体を見究めようと努力したことが、そのことを私に強く感じさせたのだ。

動乱後進国の報道

おそらくマスコミが発達していて、事態の底流と表面にそれほど差がない先進国の情勢の認識と報道の場合、このような経験はきわめて稀だろう。

だがサイゴンではこのような灰色の沼地のような状態が、むしろ正常な状況であった。明瞭なものは表面の一部にすぎず、あいまいなものが深くリアルで基本的だった。サイゴンだけではあるまい。一般に後進国の動乱期の現実の構造は、そのように先進国とは逆の構造になっているのであろう。その意味でわれわれサイゴン特派員の体験は、今後の日本の報道に新しい認識論と表現の問題を提起したことになるだろう。欧米先進国の論理からは全く非合理的で非論理的で非現実的としかみえないアジア、アフリカ、中南米の動乱——国際情勢全体におけるその比重は今後ますます増大すると思われる。その新しい課題に私たちの試行錯誤が何らかの教訓となるにちがいない。

東京に帰ってからも、欧米特派員の経験者たちが、ベトナムの、あるいはジャカルタの、ガーナの、中国の動きを「わけのわからないやつらがわけのわからぬことをまたやってやがる」

と侮蔑の口調で語るのを聞く。聞きながら私は、内心深く「そうじゃないね。きみたちの知っているきれいな論理と法則からは、いかにバカげてみえようとも、それが後進性と植民地化の歪みを負って、懸命に近代化の道を切りひらこうとする彼らの必然的な現実なのだ」と感じたものだ。

「同じアジア人として……」という言葉を日本人はきわめて安易に使いたがるが、植民地化の経験がなく、欧米先進国の思考方法と制度の摂取の優等生である日本人が、新興独立諸国の情勢を正しく捉えるのは、必ずしも簡単なことではない。アメリカ人たちがアジア人の心を理解していないと気安く笑う前に、われわれ自身、果たしてどうなのか、とあらためて虚心に反省するとともに、新しい認識と報道の方法論を身につける努力を、日本の報道者たちは惜しむべきではあるまい。

それは輸入の論理で高みから割りきってみせる手を汚さぬきれいごとの姿勢では、決してできまい。みずから「わけのわからぬ」混乱と非合理に化する態の捨身の覚悟が必要であろう。

この点において、われわれのベトナム報道に対する執拗な批判が、政治的に保守右翼の人たちからよりむしろ、西欧的自由主義者たちからなされたことを、私は当然だと考えている。いわゆる保守派の人たちは、むしろ私たちの主張をそのままではないが理解することがある。ところが西欧的パワー・ポリティックス（権力政治）の論理ですべてを割りきろうとする西欧的近代主義者たちほど、意見がはげしく対立した。ベトナム報道をめぐる意見の対立は、政治的立場の対立というより、認識論の、現実観の、思考方法の基本的なくいちがいである。私はプラトンからハイデッカーまでの西欧的思考方法はほぼわかっている。だが彼らは私のぶつかったおそるべき後進国の現実を知らない。私が経験した新しい認識と、表現のための苦心を彼らは知らない。

彼らの批判を私が納得したことがなく、教えられるところがほとんどないのも、そのためであろう。私たちのベトナム報道が、主観的だとか感情的だとか非論理的だとかという批判は、相対性理論のできた当時、これを嘲笑した古典物理学者や常識論者たちのそれと同じようにさえ私にはみえる。

予感する勇気

反グエン・カーン秘密文書が街に流された同じ二月四日に、バンディ米大統領特別補佐官（安全保障問題担当）がサイゴンに飛来した。同じ頃ソ連のコスイギン首相がハノイを訪れていた。サイゴン政府内部だけでなく、外側でも何か新しい動きがはじまりかけていた。

すでに昨年暮頃から、いわゆるホ・チ・ミン・ルートを通じて北ベトナムからの〝浸透〟が増大しているという当局筋の言明が、何度も新聞にのっていた。これに対処するための「何らかの新しい措置」がとられるだろうと新聞は書いていたし、この問題について米・政府軍双方要人の協議が、内政の危機の時期にもつづけられていた。仏教徒の運動に追われて、その問題への関心が薄らいでいたこの数週間だったが、仏教徒の運動が一応しずまるとともに、この問題が新しく意識の上に強く浮かんできた。そこへバンディ補佐官の来訪だった。

「仏教徒さわぎがおさまったらひと休みできると思ってたのに、だめらしいな」

と私は林君にいった。

「仕方ないさ。ここはローマじゃない。だから休日はなしだ」

諦めのいい林君は自分の部屋にこもり、私も机の上に紙をひろげ、いつものくせでいろんな図形や符号を無意識のうちになぐり書きしながら、考えをまとめようとした。

一番根底には対ベトコン戦の行きづまりという状況がある。暮のビンジアの戦いは、ベトコン側がついにゲリラ戦の段階から連隊単位の機動戦の段階まで戦術をひきあげつつあることを、はっきりと示した。

政府軍最精鋭の海兵隊が、徹底的に叩かれた。これに応じて民衆の間には、成行きに対する不信感が急速にひろがりはじめていることは、さまざまの人たちとの会話やその話し方の態度からうかがえた。そのような一般的なムードの上で、仏教徒の反政府運動は反米・反戦の色彩を帯びたのだし、カーン将軍の「ベトナム問題はベトナム人の手で」という布告も出されたのだ。同将軍がベトコンと秘密和平交渉をはじめているという情報は除外するとしても、このままではサイゴン政権が地すべり的崩壊を起こすことは、この頃サイゴンにいた人ならどのような立場の人でも感じとっていたはずだ。むしろサイゴン政府の崩壊を願わない人たちほど、そのような終末的危機感を強く感じていたのではないか。そして絶望的な挽回計画をひそかに準備していたのではないか。

バンディ補佐官がどのような計画をもってきたのか、単なる実情視察だったのか、それとも事態まき返しのための劇的計画を現地軍当局に伝えにきたのかは、正確なところ知らない。

米当局は主な米人記者だけを集めて時々オフレコ（記事にしない）のブリーフィング（情勢説明）をするが、このとき知り合いの米人記者に聞いてみたが、彼らにも何も洩らされていないようだった。

だが仏教徒とグエン・カーンの反米・反戦民族主義的傾向を強く感じていた私は、アメリカはここで何か思いきった手を打つにちがいないという気が強くした。物的証拠はないが状況証拠は一応そろっている。「よし」と私は思いきってタイプライターに紙をはさんで、まず眼をつむった。それから、状況全体のイメージをもう一度頭に描きなおしてから、自然に浮かび上がってきた言葉をタイプした。「サイゴンの安定度の評価いかんでは、かなりきわどいところまで〝力の誇示〟が行なわれるのではないか」と私は書き、打ち終わってからもう一度心をしずめて、不気味によどんだ水面の、暗い深みにうごめく黒い影の動きを見定めた。それから立ち上がって、電報局に行った。

街には旧正月の、どことなくはなやかな気分が漂っていた。暑い正月か、と呟きながら、四季の変化もなく、だらだらと暑さのつづくこの土地の人たちの時間感覚について考えてみた。

一年という区切りの感覚が、温帯国のわれわれとは本質的にちがうのではないか。十年でも二十年でも戦いつづけるとゲリラたちが豪語するときの十年、二十年は、われわれが想像する春去り夏来って再び木枯しの荒れはじめるまでのひとめぐりの十回、二十回という感覚とはおそらくちがうだろう。だが自然の流れはとくに変化なく同じように続いても、歴史の流れはいま急角度に曲りつつあるにちがいない。

だがこのとき私の想像していた〝かなりきわどい力の誇示〟というのは南部ラオスのホ・チ・ミン・ルート爆撃、それも米軍直接ではなく、ラオス空軍を使っての爆撃か、フィリピンや韓国軍の導入程度だった。米軍機が直接北ベトナム領を爆撃し、つづいて米地上軍の大増強が開始されるとまでは予測していなかった。サイゴン政権はぐらぐらだと私たちは判断していたが、実はそのような大バクチを一挙にうたねばならぬところまで追いつめられていたとまでは、考えていなかった。

在サイゴン日本商社の連中が、ある日本人特派員に「あなた方がサイゴン危うしと悲観的な記事ばかり書くから、折角ここで取引きがまとまりかかっても、本社の方で先行き不安だから大口取引きは止めろといってくる。とんだ迷惑ですよ」と文句をいったというが、この頃私たちの認識は、まだ楽観的すぎたのだ。サイゴン政権の行きづまりの深刻さについて、アメリカとグエン・カオ・キ空軍司令官ら若手将軍たちの絶望的な決意について。

もちろん報道は、謎解きでもバクチでも予想屋でもない。当たることが第一義ではないと一応はいえる。起こったことだけを正確に読者に伝えればいい、という言い方が、いかにももっともらしくひびく。だが時間とは過去から未来へと一方的に流れてゆくものではないのだ。

　人間の時間は個人のささやかな日常的行為から歴史的事件まで、むしろ人間が将来を先取りして逆に過去に戻り、そこでひとつの期待、計画、予想、決意をもつところに現在という本来は実在しない虚点が、創造的な場として成りたちうるのである。その意味で現在の認識とは未来の認識なしには成り立たないのだ。

　たとえば、二月七日の北爆という事件は、ワシントンとサイゴンの軍・政最高当局者たちが、「このままではサイゴン政権は崩壊するだろう」という将来への危機感を、私たちの予想以上に強くもったところに成り立ったものであって「米軍機が北ベトナム領に爆弾を落としました」と伝えるだけならそれだけのことだとしても、そこに「どうしてか」「どうなるか」という疑問をさしはさむと同時に、北爆を決定した指導者たちがどのような将来のイメージに立って、この決定を下したかという認識――受身の知覚的認識ではなく将来への想像力的認識が必要となってくる。

　そして将来への想像力の働きが、十分に自由で力強いものでありうるためには、過去についてあるいは刻々に過去になってゆく現在についての十分な認識の蓄積がなければならない。いわば想像力が呼び出す将来のイメージと体験が形成した過去の重さとが、互いに照らし合い映し出し合うところに、歴史的現在という創造的虚点の像がつくられるのであって、想像力の貧しさも体験の貧しさもともに、現在の認識を大きく損ない歪める。

報道という仕事は、少なくともストリンガーではなく、まともなコレスポンデントの仕事の本質は、決してみかけほど単純でも容易でもないのだということを、北爆決行のニュースを知ったときの一種「やられた！」というにがい感じとともに思い知った。そしていま一年半前のそのときのことを思い浮かべながら、私がある程度の不気味な予感をもちながら、その予感を想像力まで高め、さらにそれを現状の深部にまで斬り返す勇気のなかったことがにがく後悔される。私もまたいわゆる客観性の神話の前に、萎縮していたにちがいない。

奇妙な素顔

二月七日午後七時半頃、下宿で夕食をとっていた私に、電話がかかってきた。朝日新聞の波多野特派員からだった。

「やったらしいぞ」

と波多野氏はいった。

「何を」

「北爆だ」

「まさか」

と思わず私はいった。

「いまカティナ通りを歩いていたら、ロイターの記者が顔色変えて走ってくるのに会った。いま特別ブリーフィングで発表されたんだそうだ」

午後五時からの定例ブリーフィングでは、全然そんな気配をにおわせなかった。七時頃、主な欧米通信社の支局長だけを呼んで発表したらしい。そこから支局に急いで戻るロイターの記者に波多野氏はぶつかったわけだ。そして氏はわざわざ電話で知らせてくれた。

「ありがとう。これからはマジェスティック・ホテルの方へは足を向けて寝ないよ」

もし氏がこのとき知らせてくれなかったら、おそらく私は明朝まで知らないままで過ごしただろう。もちろんニュースそのものはワシントンで同時発表され、二十分後には本社のテレタイプに入っているだろう。またサイゴンからの報道も、特別無線放送でマニラやシンガポールに送る方法をもっている欧米の大通信社の方が、比較にならぬ位に早くて勝負にならないだろう。だが反響を打たねばならない。八時までに短かいものなら電報局にもってゆけば、おそらく最終版には間に合うだろう。

「どうしよう」

と林君に私はいった。

「簡単に打とうよ。本格的なやつは明日だ」

「いまからじゃ取材の時間はない」

「ひとつだけ取材できるよ」

「誰だ」

「この家の主人さ」

「成程、南ベトナム政府支配地区住民の代表というわけだ」

主人はジュネーブ協定後に避難してきたハノイの名家の出で、いまは政府の某官庁の課長をしている。いかにも旧家の名門の出らしい品のよく気の弱そうな男だ。私たちは早速、階下に行って主人を呼んだ。

「きょう米軍機が北ベトナムを爆撃しましたよ」

と私はいって彼の表情を見守った。おそらく昔、中国人の血が入っているのであろう、ベトナム人にしては比較的色が白く、鼻筋のとおった細面の優雅な顔が、さっと緊張し、眉が暗くひそめられた。

「いつかはこうなると思ってました。困ったことです。でもハノイをやったわけではないでしょう」

「ええ、十七度線のすぐ北あたりらしいです」

「でもいずれハノイまで行くでしょう。ハノイは静かな湖にのぞみ、長い橋のかかっている美しい街なのです」

「これで戦争の解決に役立つと思いますか」

「わかりません。ただ北ベトナム人は南ベトナム人のようにだらしなくありませんから、簡単に参ったりしないでしょう」

といって彼は頬をゆがめて笑った。「北から逃げてきた私が、こんないい方をするのはおかしいでしょうがね」

私は二階に上がって「市内は平静だが、市民たちはきたるべきものがきたと緊張の表情だ」とだけ簡単に打った。

特派員の決まった仕事のうちに、この反響という仕事がある。デスクはできるだけ早く各地特派員の反響をそろえるのに熱心だが、私自身はこの慣習に懐疑的だ。その土地の人たちの反応と意見を直接に、あるいは先進国の場合なら新聞の社説などを通して間接に確かめる時間もなく、特派員が頭の中で作文した電報を並べてどれだけの意味があろう。本社のデスクを目あてにではなく、自分の任地の大地に足をつけて、その地鳴りを、あるいは地鳴りのないことを、読者にたしかに伝えるためには、事件発生を知ると同時に反響電報を打つことは不可能なはずだ。このときも「サイゴンは大戦前夜の緊張で夜も眠れない有様」という反響を打った特派員がいたが、これなどは本社のデスクはこういう電報をのぞんでいるだろうという、予測に迎合した典型的な場合と思われる。

なぜなら翌朝、私は外に出てまず土地の新聞社に顔を出した。特に緊張の気配もなかった。知り合いの記者に「北爆開始についてどう思うか」と聞いた。ベトナム人のインテリに多くみられる繊細で屈折した陰影深い感受性の持主であるこの記者は、肩をすくめ、細い金縁めがねの奥の鋭い眼をきらりと光らせてこういった。

「あいつらのやったことで、おれたちには関係ないさ（That's their business, not our own）」

実際のところ、この見事にシニックな反応は、シニシズムについてはいささか訓練をつんでいるつもりの私も、思わず感嘆した。

この記者はかつて、祖国独立の希望と情熱に燃えて、というよりむしろある個人的事情から、死地を求めてベトミン・ゲリラに参加し、中隊長として実に勇敢に戦った（本人が死ぬ気なのだから）という経歴の持ち主だが、現在はとくに反米主義者というわけではない。もう少し聞こうと思ったが、それだけいうと彼はもうタイプにかがみこみ、きわめて普通の表情で仕事のつづきをはじめた。「それ以上いうことはない」とその平然とした横顔は語っていた。昨夜眠れなかった興奮の色など、どこにもなかった。

街を歩いても、特に変わった気配はどこにもなかった。旧正月のはなやかな気分の名残りが、花屋の店先きの売れ残った高原地帯からの色鮮やかな花束や、鉢植えにまだはっきりと感じられた。表通りは、アオザイのすきとおった長いすそをひるがえし、きれいにペディキュアした足にハイヒールのサンダルをはいてすらりと優雅な女性たちが気取って歩き、裏通りでは屋台の食物屋の前で、労働者風の男たちや裸足の子供たちがしゃがみこんで、うどんのどんぶりを熱心にすすっている。

昨年夏のトンキン湾事件のとき、あわてて掘ったという市庁前の小広場と、そこからサイゴン川に真直に連なる大通りの両側の防空壕は、その後紙屑や人間を含めた各種動物の排泄物で汚れ放題になっていた。それを整備する作業などどこにもみられないどころか、市庁前では反対に防空壕を埋めて花壇をつくるのに、数人の男たちがのんびりと働いていた。

意見を聞いてみた幾人かのベトナム人たちも、だれも特別の気分のものはなかった。私の聞くことのできた意見らしい意見といえば、米軍の北爆によって戦争がいまや自分たちの頭を素通りして、大国間の争いになってゆくことに対する不安と皮肉な意見だった。

「われわれはもう見物人になるということだが、ただ直接被害を受けるのはいぜんわれわれだということが、面白くないところだ」とある人はいった。

また「私は共産主義者はきらいだが、北ベトナムが全部共産主義者というわけじゃない。北ベトナムの大部分の人たちは私たちのような平凡なベトナム人にすぎないんですからね」ともいった。仏教徒本部の僧は「北を爆撃してみたって何の解決にもなりません。むしろ解決を複雑にし困難にするだけでしょう」と落ちついた口調で答えた。

こうして、その日一日かかって私の確かめた本当の反響は、戦争拡大の恐怖感でもなく、アメリカの断固たる〝決意〟の表明に応ずる興奮でもなく、本来は自分たちのものであるはずの戦争が他人のものになってゆくことに対する皮肉な意識的無関心と、漠然たる不安のようだった。うちつづく戦争に、人々は多分に戦争不感症になっているようだった。北爆と同時にサイゴン在住の米軍人、大使館員の家族引きあげを命令したワシントンと、それに応じてのサイゴン米当局、軍人たちの興奮ぶりに比較して、ベトナム人たちのその態度は意外なほど対照的で印象的だった。

私はすぐそのとおりを記事にして、打った。

打ちながらこの記事はおそらく、東京のデスクはよろこぶまい、と思った。なぜなら、ここにいる私でさえ、ベトナム人たちのこの反応ぶりは意外だったのだから。きっと緊張一色に塗りつぶされているにちがいない紙面の中で、私の反響記事だけが異物のようになるだろう。だが外ではよく理解できまいが、これがベトナム戦争の、ベトナム人の心理の〝奇妙な素顔〟なのだ、という確信をもって、私はタイプした電報をもって、倉庫か教会堂のような中央電報局のひろい床を歩いて、新聞電報の受付け窓口に行った。

すでにサイゴンには二百人近い外国特派員がつめかけ、毎日山のように電報がもちこまれていた。にもかかわらず、中央電報局は受信人払いのカードを調べ、語数を一語一語勘定して別室のオペレーターにまわす受付け係を、昼は一人、夜勤も一人から増やそうとはしなかった。だから窓口にはいつも、電報が滞貨している。

すでに顔なじみになっている受付け係に、私は「今日もボークー（たくさん）かい」と声をかけた。やせて貧相な過労におしひしがれたような、もう若くない受付け係は、顔を上げるといつものように力なく笑って、ごらんのとおりだという身振りで電報の山を示した。

きっと家では、七、八人の子供たちが腹をすかしていて、安い給料におかみさんはヒステリーばかりおこしているのだろうと私は思った。彼は英語が達者でなく、私はフランス語が片語しかできないから、複雑なことをしゃべることはできない。しかしそういう私の気持は何か通ずるようだった。私だって東京に帰れば、二百ドルにもならない安月給で徹夜勤もあるんだ、同じ身の上さ――と思いながら「大変だな」といい、買ってきたばかりのアメリカ製ヤミ煙草を一個さし出した。メルシーといって素早い手つきでさっと受けとりながら、また力なく親しげに笑った。

欧米人の特派員たちには、決して彼はそのような顔をみせない。白人特派員たちはこの貧相な男を、電話機か何かの機械のようにしか見ない。アメリカとベトナム人の心のくい違いは、こういうところにもある。ベトナム人は決してワシントンで考えるようには反応しないし、動きはしないだろうということを、私はあらためて感じながら電報局を出た。

サイゴン特派員が伝えねばならないのはそういうことなのだ。東京ではわからないことだし、同じアジア人のわれわれこそ、最もよく感じとることのできることなのだから。

逃がしかけたクーデター

米軍の北爆に対して奇妙な反応を示したのは、一般民衆だけではなかった。グエン・カーン将軍自身の態度も、米当局の「ついに重大な一線を踏み切ったのだ」というつきつめた緊張感とは、何かズレたものが感じられた。引き揚げ米人家族第一陣の婦女子たちが、涙まじりのキッスシーンを展開して、特別輸送機でマニラへと発って行った同じ九日の午前、タンソニュット空港と並ぶタンソニュット空軍基地では、カーン将軍が前日（つまり北爆第二日目）に米空軍の援護下に数キロほど十七度線を越えてきた政府空軍パイロットたちと、その家族を集めてはなやかな凱旋式を挙行していた。「北爆敢行命令を出した昨日という日は、わが生涯最良の日であった」と、例の人をくったようなポーカーフェイスに、カエルのようにとび出した大きな眼をむき、どこまでが本気なのか見ていても一向にわからぬ演説を澄まして行なった。

その夜、サイゴン川岸のキャバレーの隅でビールをのんでいると、薄暗いせまいフロア一杯に派手に踊りまくっている若者たちがいた。

「徴兵逃れの連中にしては大胆だな」と私が驚くと、女たちは眉をひそめながらいった。

「昨日、北ベトナムを爆撃してきた飛行士たちですってよ」その口調は勇敢な若き英雄に対するものというより、いらないことをして事を面倒にする暴れん坊に対する迷惑そうな口調だった。

またカーン将軍は、この「重大なときにあたり、早急に強力で安定した政府をつくるべきだ」と、北爆による軍事的新情勢を自分に有利に、政治的に利用しようとしている気配が日がたつにつれて濃くなった。それは昨年夏のトンキン湾事件を利用して、大統領に就任しようとしたときの同将軍の機会便乗的動きと表面上はよく似ていた。

だが、今度はカーン将軍はみずからは直接に政権を担当する野心を示さなかったし、また昨年将軍の野心を打ち破った仏教徒勢力が、いまは強く将軍をバックアップしていた。カーン将軍の方も、仏教徒は反米的で容共的だという反共カトリック派の攻撃に対して、「彼らは何よりもまず、民族主義者である」と弁護さえした。一部では、将軍は北爆による戦争拡大の不安を逆用して〝終戦内閣〟をつくろうとしているのだ、という情報さえ流れた。

下宿で時々主人に顔を合わせると、いつも暗い顔で「情勢は複雑です」とだけいって私たちを避けるようにした。

たしかに情勢は複雑だった。これをどう解きほぐして理解するか、あるいはこの奇怪なほどの複雑さのリアリティーをいかにそのままに記事にするか。仏教徒のデモの前でフォン政府が倒れるか倒れないかを賭けるような気持ですっぱりと見通そうとしたときとはまたちがった意味で、つまりいまは簡単に割り切ってしまわないことに苦心しなければならなかった。

年中暑いベトナムでも、雨期を前に最もむし暑い時期に近づきつつあった。昼寝するとベッドのシーツに汗のあとが体の格好のとおりにべっとりとしみ残る。午前十時をすぎると、頭は満足に動きはしなかった。「この暑さの中で将軍どもはよく陰謀に頭がまわるものだな」と私たちは感心した。

というのは、反グエン・カーン・クーデターのうわさが日ましに強くなってきたからだ。だが十六日には、ついに親仏教系の医者出身のおとなしい政治家ファン・フイ・クアト氏を首班とする新内閣が成立した。

カーン将軍は軍司令官の地位のままにとどまった。私の着任以来波乱つづきだった政情の表面は、やっと落ちつくかにみえた。

いや正確にいうと、十二月以来クーデターとデモとそれに北爆と、一日として心安まる日のなかった私は疲れきっていた。暑さのひどくなったこともあって、眠れぬ夜がつづき、睡眠薬の量が少しずつふえたし、緊張しづめのため、止まることのない胃液は確実に私の丈夫でない胃壁を浸蝕していた。

情勢は複雑であり、底流はいぜん不気味に流動的だということはわかっていたが、私はとにかくひと息つきたかった。新内閣成立とともに、決して根本的には何も解決されてはいないが、一応の小康状態が少なくとも一、二週間はつづくだろうし、つづいてほしいと考えたのもそのためだった。

「ダラトに行こう」と私は林君にいった。

「働らきすぎた。二、三日休んでこないとのびちゃうぞ」

「いいだろう。ぼくも疲れた」

と林君も答えた。「ぼくは眠るのだけは得意でね」といって、よく十時間ぐらい眠っていた彼の睡眠時間が、次第に短かくなっているのを私は知っていた。

ダラトはサイゴンから飛行機で一時間足らず。ちょうど東京でいえば軽井沢のような高原の避暑地だった。去年までは車でも三、四時間で行けたそうだが、この頃は途中でほぼ確実にゲリラが出るようになっていた。ゲリラは別にこわくはなかったが、カメラを没収されたりすると面倒だった。私たちはダラト行きの飛行機とホテルを予約した。

二月十九日正午前、二人は下宿を出てベトナム航空会社の前から、空港行きの小型バスにのった。バスは市内を通って郊外に向かう。通りはいつものとおり昼寝にかえる人々の車と自転車、スクーターの群でひしめいていた。おそらくいまは、アメリカ人か援助成金が住んでいるのだろう元フランス人のいたヴィラ風の立派な邸の庭には、火炎樹の花が真赤に燃えはじめていた。いつもと変わらぬ昼前のサイゴンの街だった。だがどうしたことか、バスが空港に近づくにつれて妙な胸さわぎがした。

「大丈夫だろうな。どうも気が落ちつかないんだ」

と私は隣の林君にいった。

「ぼくもそうなんだ。ぼくは元来神経質じゃないんだがな」

と林君も答えた。

「だがいまさら止めるのも損だし、なるようになれだ」

といって、私は強いて心をしずめようとしたが、胸さわぎは高まるばかりだった。バスは軍司令部の前を通り、空港前の林の中の道を走っていた。そのとき林の奥から、二台ほどの中型戦車がかなりの速力で現われ、そのまま空港の方に向かっていった。普通、市内を通るときの戦車の速度とは違っているし、それに戦車砲がぐっと突っ立っている。

「何だろう。いやなことにならないといいがな」

空港ターミナルに降りると、改札口はしまっている。事情があって出発を三十分延期しますと係員がいった。「おかしいぜ」私たちは空港の建物の二階にのぼって、空港とそれに隣り合う空軍基地の方をみた。乾ききった地面には陽炎が燃え、その中を先程の戦車が全速力で走りすぎてゆく。と滑走路からスカイレーダーが数機、急に離陸していった。空軍基地の方ではかなりの数の兵士たちが、あわただしく動きまわるのが遠望された。「ベトコンのテロか」「そんなところだろ、単なる演習ではなさそうだ」と話し合っているうちに警官がきて、下に降りろとけわしい表情でいった。「プレスだ」とカメラを叩いてみせたが、「だめだ」と手を振って私たちを追い立てた。

下に降りてみると、本日の飛行はすべて中止と掲示が出ていた。「どうしたんだ」と私たちは係員にくってかかった。「理由ぐらい発表したっていいじゃないか」ベトナム航空の係員は黙って首を振るだけだった。こういうことには慣れているらしく、他の乗客たちはおとなしくまた乗ってきた小型バスの方に荷物を下げて戻ってゆく。その諦めきった従順さが気に入らなかった。私たちはもう一度、係員にくってかかった。「一言ぐらいすみませんと謝ったらどうだ。きょうはキャンセルです。はい、そうですかというわけにはゆかないぞ」だが係員は冷然といった。

「軍の命令です」

仕方なかった。さんざん毒づいてから、私たちも発車間際のバスにとびのった。そのときスカイレーダーがほとんど空港の建物すれすれの超低空で舞い下りてきては、また舞い上がり、またつづいて一機同じように空港の真上をかすめた。翼下にロケット弾と増槽タンクがはっきりとみえた。「完全武装だぜ」「きっと飛行場の隅に手榴弾でもぶちこまれたんだろ」「ついてないなあ」とぼやく私たちをのせて、バスはまた市内に戻った。

すでに昼すぎの街は人通りもなく、シェスタの静寂と熱気が、街を覆っていた。とくに変わった気配もなかった。「どうも胸さわぎがしたんだ、一体きょうは仏滅かい」中心街のベトナム航空本社前でバスを下りると、近くのキャフェテリアに入った。「まるで神様がちょっと指先きでつまみあげて、こら小僧ども、仕事しろ、休みに行こうなんて太い了見だ、と元にもどしたようじゃないか」といいながら、私たちは窓際の席に坐ってアイスティーを注文した。「何だか欲求不満だな。トルコ風呂でも行くか、それともおとなしく帰って寝るか」

そのとき真前の通りに、一台の車が急停車すると同時に「何してるんだ、そんなとこで」と興奮した日本語の声がした。朝日の波多野特派員だった。

「何してるって、これから何をしようかと考えてるのさ」

「何云ってんだい、クーデターだぞ」

「本当か」

私たちはカメラをひっつかむと店をとび出した。「誰がはじめたんだ」「タオだ」と波多野特派員は云った。「やはりそうだったのか」と私と林君は顔を見合わせ、思わずニヤリとした。「ついてるな。もしクーデターが一時間遅かったら、いま頃はダラトでのんびりして夜にでもニュースを聞いて青くなるところだった」

別に私は超感覚の持ち主ではないが、私の無意識の感覚は、休みたいという意識の欲求に対して、しきりに危険信号を出していたに違いない。それがあの胸さわぎだったのだ。私の意識は疲労から情勢一応安定化と強いて考えようとしたが、本当の私はおそらく知っていたのだ——情勢は決して安定していない、何か起こるぞ、と。

歴史の淵

このことがあって以来、私も林君もすっかりサイゴンではいつ何が起こるかわからないということに、迷信的な恐怖感をもち、本当に一、二週間平静の見通しがあっても、二度と遊びにサイゴンを離れることができなくなった。

町中をかけまわった。完全武装のスカイレーダーが市内を低く飛び交いはじめた。電報局は閉鎖、サイゴン川岸の海軍司令部に向かって戦車が進んでゆき、その近くのグエン・カーン私邸に通ずる道には、クーデター側の武装兵たちが、バリケードを築いて交通を遮断していた。ラジオは放送局を占拠したクーデター側の声明を繰り返し放送した。放送はクーデター指導者の名前をファン・ゴク・タオ大佐（前駐米大使館報道官）と伝えていた。

下宿の二階で、助手に放送を聞いて翻訳させながら、クーデターの目的がカトリックはじめ反共親米右派の、グエン・カーン将軍追放だということが、次第にはっきりしてきた。だがすでにカーン将軍を私邸で軟禁したという放送は信用できなかった。すでに逮捕してるのなら、あの私邸近辺の警戒は厳重すぎる。

あのカトリックの諜報将校のほのめかしたことは、やはり本当だったのだ。カトリック右派は「現在のカーン将軍が去年までのカーン将軍でない」ことに、ついに最後の手段をとったのだ。だが、ひきつづきサイゴン市上空を威嚇するように飛びまわっているスカイレーダー機からすると、空軍はクーデター側についていない。私がバスの窓からみた戦車は空軍基地をおさえに行ったのだが、間一髪で何機かのスカイレーダーが離陸してしまったのを私たちは偶然にみている。

「空軍がどうやら、クーデター側についてないようだ。空軍を敵にまわしたら、クーデターは成功すまい」と私は直感した。

電報も電話も不通のままに、夕方日本大使館に集まった特派員たちは、自分たちの見聞した情報を交換した。そして、「サイゴン日本人記者団」として協力して短かい電報をつくり、大使に公電用の無線通信を使わせてくれと交渉した。はじめはしぶっていた高橋大使も、ついに今回だけということで折れた。私たちの関心は、第一に当然クーデターが成功かどうかの判断にあったが、どの特派員も大体否定的な判断で意見が一致した。それで話題はむしろファン・ゴク・タオ大佐という謎の人物に集中した。

すでに一ヵ月ほど前、新聞に、政府がタオ大佐の行方を探しているという記事が出たことがある。カトリック派のチャン・チェン・キエム将軍が駐米大佐として赴任したとき、ついていって報道官をつとめていたが、そのうちふらりと帰ってきて、当局に出頭せよという命令を無視し、行方をくらましてしまっていたのだが、同大佐の兄弟が解放戦線側の指導者でそれと連絡をとりにカンボジアに行ったのだといううわさもあり、アメリカ大使館がかくまっているのだという情報もあった。特派員たちが夕方のMACVのブリーフィングのあと、大てい連れだってアイスクリームを食べたり、コーラをのんだりする喫茶店での話題にこれまでもしばしば登場していた謎の人物だった。

「まさかベトコン側の意を受けてサイゴンを混乱させるために、クーデターを起こしたのではないだろうな」

という者もあったが、そこまでうがって考えることはあるまい。仏教徒の勢力伸長とグエン・カーン将軍の妙な動きに対するカトリックはじめ右派の反抗的クーデターだろう、というのが大体の意見だった。

「それにしても」

と皆はいった。

「タオはとうとうやったな」

通行禁止時間が午後九時からに延長された。日が落ちると私は、急いで輪タクを走らせて仏教徒本部に行った。本部の鉄の大門はぴたりと閉じて、中は暗くひっそりとしていた。門の前に数十人ぐらいの信者たちが不安気に集まっていた。私は鉄の門を叩いてどなった。しばらくして顔みしりの若い書記が門の向うに顔をみせた。

「大丈夫か」

と私はどなった。

「いまのところ大丈夫だ。変わったことはない」

と書記は答えた。

「クーデター放送はしきりに仏教会を非難してるぞ」

「知ってるが、カーン将軍もキ将軍も、無事だということだ。明日にもひっくり返るはずだ。われわれは心配していない」

鉄の格子越しに握手して通りに戻ると、市中心街の上空にいましも照明弾がゆっくりと落ちてゆくところだった。市内に戦闘の気配はなかったが、真暗な空を強烈に照らし出す照明弾の青白い輝きは、美しいほど不気味だった。

それは歴史の淵の、暗いよどみを照らす探照灯の光のようにみえた。急角度に曲ろうとする歴史の底流の深部の動きのそばに立っている自分を、私は一種の感動とともに意識しながら、かつて十二月八日にも八月十五日にも、歴史の水面の木の葉のように何もわからずに翻弄されつくしたことの屈辱感が、あらためて甦った。

そして、思わず呟いていた——いまはちがうぞ、歴史の流れの暗い深みを、おれはのぞきこんでいる。今度はだまされはしない。たとえこの動乱がアジア全域にひろがることがあったとしても今度はおれは知りながら死ぬことができるだろう。

第五章　日本人特派員

報道者の主体性

二ヵ月余の間にクーデターが三回、反政府運動と北爆と、息つくひまもない日がたちまちにすぎた。右翼カトリックの反グエン・カーン・クーデターは一夜にしてつぶれ、グエン・カーン派の軍隊が、放送局、電報局、参謀本部などを占拠していたクーデター派の軍隊をあっけなく追い出した。参謀本部の正門に重機をそなえつけていたクーデター派の兵士たちが、まるでスポーツの試合でも終わったような調子でさっさと武器をほうり出し、帽子を空にほうりあげてはしゃぎながら、武装解除されるさまを眺めて「バカらしい。すっかりクーデターずれしてやがる」と私たちはあきれたが、私たちの方も動乱ずれしてきていたことも事実だ。

あい変わらずドル買いやエロ写真売りのたむろするカティナ通りをぶらつき、MACVに近い喫茶店に腰を下ろして夕暮の雑踏を眺め、あるいは勝手知った仏教徒本部のほこりっぽい構内を歩きまわりながら、すでにひどく長い時間がたったような気がしきりにした。東京の盛り場の裏通りは、気味悪くて歩きまわれない私も、サイゴンならどこでも平気で歩きまわれるようになった。

米大使館やMACV、米軍専用ホテルの立ち並ぶ中心街の表通りや、外人の多い高級レストランの中は、プラスティック爆弾の危険がいつもあったが、よどんだ熱気とニョクマムとよばれるベトナム特有の調味用魚汁の臭気と、裸足の子供たちと疲れきった貧しい女たちの群がる裏通りや市場の中は、東京より安全だし、親しかった。もはやおずおずと欧米通信社の支局の扉をおして、電報のコピーを恵んでもらう必要はなかったし、MACVのブリーフィングの席でも、スポークスマンの発表でよく聞きとれぬところは、あとで米人記者たちが質問するのとスポークスマンのその答えを聞いて確認する術もおぼえた。諜報将校はじめ情報をもってきてくれる人たち、あるいはぶらりとこちらから「何かないかね」と気軽に聞きに行ける人たちも幾人もできた。

政府の発表や将軍たちの声明の、どの部分が本人でさえ信じていない決まり文句で、どこに真意があり、その真意はどのように屈折した形でほのめかされるかを意地悪く読みとる術もいつか身についた。平穏で正常な土地だったらおそらく一年はかかるにちがいない慣れ方だった。

いま当時の送稿メモを計算してみたら、十二月十日に最初の記事を打って以来、この頃までの一ヵ月余の間に合計六十七本の電報を私は打っている。一日平均一本は打ったことになる。もちろんその中には一段ものの短いフラッシュ・ニュースも含まれているし、デスクで没になったか早版だけのって最終版で落ちたものが十九本あるが、トップないし四段以上で使われた本格的な記事が二十本あり、一段もののバントないし四球出塁を除いて四段以上の長打率がちょうど三割に達する。三日に約一本は長い記事がのったことになる。世界中の事件の反響を打つワシントン支局（三人）につぐ掲載率だと思うが、それは私だけではなかった。

毎日は本社からの四人の特派員の連載もの「泥と炎のインドシナ」を一月一日から連載した

し、『週刊朝日』には毎週開高健が一日二十枚ずつのルポを書きつづけていた。三月初めには岡村昭彦の『南ヴェトナム戦争従軍記』が出版され、少しおくれて朝日の瀬戸口特派員の解放地区潜入記が出、日本テレビの「ベトナム海兵大隊戦記」第一部が放送された。いまからふりかえれば、この一九六四年末から六五年春にかけての時期が、いわばベトナム報道の頂点だったわけだが、われわれ自身は実は無我夢中の状態で走りまわり、書きまくり、撮りまくったのであって、それが日本にどういう影響を与えているかはよくわからなかった。

少なくとも私は東京を離れたとき、ベトナム問題を、それほど深刻にも身近かにも感じとっていなかったし、むしろ〝ドサまわり〟の皮肉な気分で羽田を発った。たまたまこの頃、東京の友人からきた手紙の「この頃の私たちの娯楽のひとつは、ベトナムの残酷なニュースをみることです」という一節に驚きもしたが、また憤慨もした。岡村昭彦氏のように、すでに早くからベトナム問題に対するたしかな認識と、使命感をもって取材にあたったものもあるが、他の特派員たちは私も含め、自分たちの報道が与える効果を考え、使命感に燃えて走りまわったというより、むしろ次々に息つく間もなく生起し転換し発展する事態そのものに否応なく触発され刺戟され、つき動かされて書きつづけたというのが実情ではないか。一部の人たちがのちに批判したように、われわれが一定の予断をもち、特定の意図をもって、書きまくったというのは、若干買いかぶりの気味がある。私たちがやがてベトナム情勢にひとつのイメージをもち、われわれの報道がひとつの方向をかなり強く示唆し訴えるようになったとしても、それは決してわれわれがベトナムに押しつけたイメージでも方向でもなく、ベトナム情勢そのもの（それがどういうものかはこれまで私がくわしく書いてきたとおりだが）が私たちに与えたイメージであり方向である。

といって私たちは、もちろんただ受身に右から左に〝事実〟を伝えたのではなく、無自覚、無責任に見聞し体験したままを片端から書きまくったのでもないことは、これまでの私の記述から理解してもらえると思う。繰り返し強調するが、いわゆる客観的な事実、客観的な認識と判断というものが自明の与件としてわれわれの眼前に与えられていたのではなく、何が事実かということをわれわれ自身がきわめて主体的に発見し、選び出し判断し見通して創り出してゆかねばならなかったのだ。つまり私たちにとって、客観的であるとはまず主観的であることだったのであり、われわれには公理はなくあらかじめ定められた視点もなかった。なぜなら、

一、後進国の武力動乱の渦中で直接に取材し、

二、しかもそこに国際的な力関係が複雑にからみ合い、

三、そしてそれが日本にも間接に（アメリカの対アジア、対中国政策の変化として）あるいはもしかすると直接に（米中戦争の場合）影響を及ぼしかねない。

という三つの条件をそなえた報道状況というものは、日本のジャーナリズムにとってまさに初めての体験であったからだ。第一次ベトナム戦争の場合は日本人記者は直接に取材しなかったし、朝鮮動乱の場合、国連軍従軍記者として米軍の軍服を着て日本人記者が朝鮮まで行った

のはすでに休戦会議がはじまりかけてからだったし、アメリカの占領下にあった日本のジャーナリズムはすでに強い枠をあらかじめはめられていた。しかし今度はどちら側にも気兼ねすることのない独立国の自由な報道者として参加したわけである。

規制のない取材

自由な——といま私は書いたが、この点について若干の点を指摘せねばなるまい。第一にわれわれはサイゴン政府のビザをとってサイゴン側に入り、サイゴン政府と米軍の記者証をもって取材にあたったのだが、この場合サイゴン政府は熱帯的、後進国的ルーズさとフランスのよき遺風によって、アメリカはその本来のよき伝統から、報道の自由がほぼ完全に許されたことである。サイゴン空港では「プレスだ」というだけで税関でトランクの中をあけようともしなかったし、われわれの電報は原則的に一枚は打電用、一枚は検閲用と二枚を提出するのだが、検閲でさし止めないし削除されたらしい兆候はひとつもなかった。東京の南ベトナム大使館の主な仕事のひとつは、われわれの記事を翻訳して本国政府の情報省に報告することにあるはずだが、正確にその仕事が遂行されているらしい気配はなかった。

アメリカ大使館の方はきわめて厳密敏速にこの仕事をやっているとみられる節がある。ある特派員が米大使館に呼ばれて東京の大使館からの部厚い報告書をみせられたという話がある。そのとき「きみたちの書くもの、映すものは即日、われわれの手許にみんな報告されている」

と大使館当局者はいったといわれるが、しかしその報告なるものにもとづいてわれわれの仕事に直接にも間接にも干渉が加えられたことは私の体験ではない。日本テレビの「ベトナム海兵大隊戦記」の第一部再放送、第二部放送中止の措置に、どれだけ間接的にアメリカの圧力が働いていたかは私は知らない。

私が知っているアメリカの干渉らしい干渉といえば、ライシャワー大使の大森実批判演説ぐらいだが、この場合、大森氏はニュース・フィルムだけをみて米軍機のライ病院爆撃をかなり強い調子で報道するという、特派員の取材の基本技を逸脱して隙を与えたともいえよう。

具体的な圧迫といえば、解放地区に入った瀬戸口氏と岡村氏にサイゴン警察から再入国禁止措置、一説によると再入国の場合は逮捕状が出ているということぐらいであろう。

瀬戸口氏が解放地区から出てきてひそかに出国したあとに、朝日の香港特派員がサイゴンに応援にきたとき、ビザの延長を移民局が拒否していやがらせをしたことがあったが、瀬戸口氏と同じときにサイゴンにいた朝日の秋岡特派員が取り調べを受けたという話はなく、秋岡氏はその後一年以上もサイゴンに常駐して取材を続けてきた。私自身は米当局からもサイゴン当局からも何の制限も受けたことはない。

ただ初めはブリーフィングのさいにも、意地悪い質問ひとつするわけでもなく大ていはうしろの方の席におとなしく坐って、いるのかいないのかわからない日本人特派員たちをほとんど意識もしなかったらしい米当局も、やがてわれわれが見かけによらず思いきったことを書いて日本の世論に影響を与えはじめたことに気づきはじめ、私の帰任する頃から、日本人特派員だけを集めて一週一回、特別ブリーフィングを行ない出した。結局私は一度も出席しなかったので、どういうオリエンテーションが行なわれているのか私は確言できないが、露骨な方向づけが行なわれているとは思えない。一度ジョンソン副大使（現駐日大使）が大使館にわれわれを招いてオフレコの記者会見をしたことがあるが、そのときもジョンソン氏はアメリカのベトナム政策の基礎理念を率直かつ論理的に説明しただけで、われわれはそれによって何ら影響されはしなかったし、むしろアメリカの基本的な考え方を権威筋から直接聞けたことは、批判的な意味で助かった。

また本社からも、私自身は何の制限も受けたことはない。赴任前日、私は外報部長に何か特別の指示があるかときいたが、「読ませる記事を書いてくれ」と云われただけだった。その後も私の送稿記事の内容について、とくにほめられたこともない代わりに、おこられたことも注意されたこともない。したがって、私はジョンソン米大統領の年頭教書の反響を打てと云われたとき以外、気のすすまぬ原稿をいやいや書いたことはない。むしろバンコク経由で五日ほど遅れてくる本紙の社説やコラム欄の調子に、逆に元気づけられたくらいである。サイゴン政権や米政策（たとえば北爆）の批判を、ここまで書いても大丈夫かなと送ると、社説やコラム欄には私よりもっと強い線が出ていたりしたことはあったが、こういう立場で書けという方向の指示を直接に受けたことは皆無である。また私の記事がデスクで書き直されたこともなかった。

つまり本社デスクとの関係については、私はほぼ完全に自由であって、私は私なりに思いきりの仕事をしたと思っている。

といってもちろん、私は自分が決してフリーランサーではなく、四百万の読者をもつ商業新聞の記者であることを忘れたことはない。タイプのキーに指をおいたまま、とくに形容詞や副詞の調子をやわらげるのにしばらく熟考したり、断定したいところを「……でないわけではない」とか「のようにみえる」式に故意にぼかしたことは幾度もある。また情報やうわさを書く場合には特に汚職関係のものは意識的に避けた。というのはたとえそれが市内では公然のうわさであり、また政府の役人から直接聞いたことであっても、汚職は確実に証明ができないし、そこに道徳的価値判断が直接的に介入する。

たとえばグエン・カーン将軍がキ空軍司令官の結婚祝いに三千万ピアストル（約一億円）贈ったとか、ファン・フイ・クアト首相夫人がその地位を利用して香港から宝石を密輸入しているとか、あるいは韓国軍が派遣されてきたとき、某将軍が「現物給与は困るね。援助はドルで直接くれた方がいい。ピンハネのうまみがなくなるよ」といったとかいう話は、絶対に書けなかった。その点、一部の人たちはわれわれサイゴン特派員がサイゴン政権と米政策の批判ばかりしたようにいうが、アメリカの記者たちにくらべたら、われわれのサイゴン政権の腐敗と乱脈ぶりの報道の仕方はまことにひかえ目であって、サイゴンで人々が公然とうわさしていることはわれわれが伝えたようななま易しいものでは決してない。

そういう意味で、米当局からもサイゴン政府からも本社からも、とくに何の制限も圧迫もなかったといっていいが、その代わり私は私なりの自己検閲は絶えず行なっていたことになる。この内的自己検閲は、ある意味では書きたいことをおさえるという意味では制限になるかもしれないが、同時に一時の個人的な感情の露出をおさえるという一種の冷却作用の役割を果たしたことも事実である。

そのように外的な制限も指示もなく、また同じような場合の先例もなく、自分自身の先入観も予断ももたなかったという意味で、私たちは自由であったといえるが、自由であるとはすべてを自分の試行錯誤と責任において行なわねばならなかったことに他ならない。少なくとも私は、私の記事の内容と方向は私の責任であって、本社のせいにすべき何ものもないと思っている。

各国の記者像

最初は読売、朝日、毎日、共同、NHKの五社だけだったサイゴン常駐特派員も、やがて産経、中日、日経、時事通信とふえ、民間放送とテレビの特別取材チーム、それにフリーのカメラマンなどが続々とつめかけ、日本人ジャーナリストは二十人から三十人にもなった。この頃の外国人特派員は二百人から三百人はいたと思われるが、その中で日本は約一割に達していたわけだ。

北爆でたしか米軍機が初めてミグ戦闘機と交戦した発表のあった夜、私は電報局に電報をもっていって、受付のデスクに山のようにたまっている電報の一番上の分をふとのぞきこむと、ミラノというあて名が目に入った。

世界中の主な市から特派員が集っているのだなということ、明朝には世界中の新聞にこの同じニュースが掲載され、たとえばアントニオーニ監督の「夜」という映画でみた、ミラノの町の奇妙な格好の街灯の並ぶあの街でも、人々はいまこの眼の前にある電報の記事を読むのだな、ということが一種の感動を伴って感じられた。

イタリアといえば、MACVのブリーフィングで韓国軍の増援の発表されたあと、イタリア人の記者が寄ってきて「日本は軍隊はよこさないのかい」ときいた。イタリア人の日本認識などこの程度のものだが「冗談じゃないよ」というと「そうだな。日本とイタリアが味方につくと負けるからな」と先きの方を歩いてゆくドイツ人記者の方をちらりと眺めて肩をすくめてみせた。

立派だったのはフランスの記者だ。ブリーフィングの席で、堂々とフランス語で、米大使館スポークスマンに質問する。するとスポークスマンの方がどぎまぎして「私はフランス語を聞くことはできるが、うまく話せないので誰か通訳してくれないか」とアメリカ人記者たちの方を見まわすのだった。私も日本語で質問してやろうかと思ったが、どうしてもその勇気がなかった。

この言葉の点に関する限り、日本人特派員の大部分は不利だったといえるが、しかし私たちはどこの国の特派員とも遠慮なく話すことができた。アメリカ人記者とフランス人記者とはあまり口をきかなかったし、ドイツ人記者は誇り高そうに孤高を保っていた。ベトナム人記者はアメリカ人記者と話すとき、決して虚心にはみえなかった。アメリカ人記者に何かきかれてもっともらしい顔つきで答えたすぐあとに、私たちの方を向いてペロリと舌を出してみせる記者もあった。だがベトナム人記者たちは、日本人記者にはほとんど同族の親近感めいた感情をもっていたようだ。私たちがサイゴン政権の政治家たちの無能と、将軍たちの権力欲に批判的であることを感じとっているらしく、厳粛な空気の軍の式典などの記者席で、将軍たちの新しい汚職のうわさをささやいてくれたり、韓国軍がサイゴン川に上陸して、歩武堂々と行進してくるのを眺めながら「外人雇い兵どもめが」とぺっと地面に唾を吐いてみせたこともある。「フランス軍もいっぱい外人部隊を連れてきたからな」とその記者はにがにがしい表情でいった。

そのように、ベトナム人と親しくつき合えたことは、日本人特派員の何よりの有利な条件だった。ベトナム戦争を〝共産主義の間接侵略〟に対する〝自由世界の防衛〟といったイデオロギーの対立に仕立てることが誤まりなら、アジア人対白人という人種的な争いに還元することも、もちろん正しくはあるまい。

だがそういう理屈を越えて、たとえば夜のバーの並ぶ街角で、私はアメリカ兵とベトナム人が、なぐり合いのけんかをしているところによくぶつかった。栄養のよさそうな頑丈なアメリカ兵が、明らかに軽侮の色を浮かべて背が半分ぐらいのベトナム人たちを見下し、ベトナム人たちは動物的な険しい憎しみをこめてアメリカ人をにらみあげて、にらみ合っている現場をみると、生理的に私は貧相なベトナム人に味方する気持になるのを感じないわけにゆかなかった。またアメリカ兵の腕にぶら下がって歩く厚化粧の女たちを、じっと眺めるベトナム人たちの眼つきに、敗戦後のわれわれ自身の眼と同じ、暗く複雑な色を私ははっきりとみた。

ベトナム人記者たちは貧しそうだったが、われわれだって東京に戻れば、同じような安サラリーマンではないか。ベテランのアメリカ人記者たちの本国での給料は、おそらくわたしたちとひとけたちがうだろう。過勤料がごっそりなくなったため、毎日インスタントラーメンしか食えないといってくる女房の手紙を読むたびに、ベトナム人の貧しさは決して他人事ではなかった。おそらくそういう私たちの生活体験に根ざす感覚を、ベトナム人たちは敏感に感じとっていたものと思う。

反対にいくら「おまえたちを助けにきてやっているんだ」といっても、アメリカ人と自分たちの生活程度のあまりの落差を、ベトナム人たちは片時も忘れていない。皮膚の色の違いというより、生活感覚の違いが、ベトナム人とアメリカ人の間に見えない違和感の溝をつくっている。単純なアメリカ人たちは自分たちの生活程度の高さを、当然のこととして振舞う。これは開高氏がいっていたが、前線基地で米軍事顧問たちのテントには電気冷蔵庫にいつもビールが冷えており、夜になると毎晩オイル発電機の電気で映画をうつしているのに、隣りの政府軍兵士のテントの中は、ローソクさえ満足になく、何もないテントの中に、ただぼんやりと寝転っているだけだという。

平均的アメリカ人のものの考え方の基本にあるのは、サクセス（成功）とセキュリティー（安全）と、もうひとつ何かだと、あるアメリカ人記者が話してくれた（三番目は忘れた）。

韓国でもそうだったが、ベトナムのアメリカ人をみていると、本国で成功者が誇らしげに高級車をのりまわし、この富と成功は自分の実力でかちとったのだと、なにはばかることのない態度をそのまま、国際的規模に拡大しているようにみえてならなかった。

どこの援助を受けることもなく自分たちの手で高生活水準をかちとった以上、むしろそれは自分たちの自主独立、勤勉、才智の証明であって、誰にも気兼ねなどすることはないと彼らは素朴に信じきっているようだった。たしかにその通りだろうし、植民地化された国は植民地化されるだけの原因があったのだろう。

だが私は、アメリカ人を眺めるベトナム人たちの眼を注意してよく見た。面と向かうとベトナム人たちは低姿勢でおとなしそうな態度をする。だが話し終わって立ち去るアメリカ人の後姿に、じっと注がれる彼らの眼には、険しい光がある。

アメリカのドルと武器に助けてもらわなければ解放戦線にたちうちできないことをよく承知のうえで、しかも援助されているということ自体が彼らの自尊心を傷つける。韓国人たちの中にもそういう心的傾向がみられないわけではなかったが、ベトナム人は韓国人にくらべると、その心理機構は次元が二つほど複雑で、私のように屈折した心の人間には、ベトナム人の心の屈折が痛いほどよくわかった。

悪くいえば、実力はないくせに自尊心ばかり強いというわけだが、よくいえば物理的には弱くても内心の誇りだけは高いのだ。それはイデオロギーより根深いものだ、ということを、たとえば私はこういうことで経験した。

ベトナム人の〝心〟

北爆の米軍機がミグに撃墜された日の夕方、私は街角でタクシーを待っていた。サイゴンのタクシーは全部フランス製のルノーとドルフィンのがたがたばかりだが、ちょうど私の眼の前にタクシーがとまった。小さなルノーの中から大きなアメリカ人が出てきて、運転手としばらく手まねまじりで話していたと思うと、やにわに大声でどなりつけた。

その態度はそばで見ていた私でさえ不愉快なほど傲慢であった。おそらく料金のことかお釣りのことなのだろう。しばらく運転手をどなりつけてから、車体をけとばすような格好をしてアメリカ人は歩み去り、私がかわって乗った。

まだ若そうな運転手は、屈辱感と興奮に青くなって顔を歪めていた。行く先を云ってから、私は運転手にさり気なくこういった。

「きょうアメリカの飛行機が北ベトナムの飛行機にうち落とされたぜ」

とたんに固くひきつっていた運転手の顔が、ほっとゆるみ、きわめて自然にうれしそうに微笑さえした。

それは客としての私に対する愛想ではなく、彼個人の自然な心の反応だということを私は新聞記者の眼というより、文学者の眼ではっきり感じとった。私はこの運転手がベトコンの偽装工作員とは思わない。もしそうなら、そういう自然な反応は決してみせないはずだ。

民衆だけではない。一夜、私たち日本人特派員とサイゴン政府の主要閣僚の一人と、非公式の会見をした。初めの一時間ほど、彼は政府の立場や解放戦線の性格、北爆の目的などについて、公式論を気のない口調でしゃべった。私たちもニヤニヤして聞いてるような振りをしていた。

だが三時間目になると、彼は少しずつ本音をはきはじめた。サイゴン市に中国人系青年の徴兵適齢者が三万人いるのに、実際に入隊したのは三百人で、あとの二万九千七百人は警察をうまくごま化して逃げているといい、留学生を海外に出すと、一割も戻ってこないともいった。「アメリカはそういうあなた方の苦しい事情を、理解してくれてますか」と私は質問した。待っていたとばかり、彼はアメリカ当局がアジアについていかに無理解であるかについて、同じアジア同士という調子でしきりに愚痴を並べた。

それを聞きながら、明日も公式の席ではこの閣僚は、アメリカの援助に心から感謝すると感動的な演説をし、日本あたりから公式に来訪した政治家や議員たちには、サイゴン政府と米当局の間がいかにしっくりいっているかを、とうとう述べたてるだろうと信じ、ベトナム人というのはその心理の陰影と屈折の深さにおいて、実に魅力的な民族だとあらためて感じたのだった。単純な成功者のアメリカ人たちには、おそらくうかがい知ることのできない心の歪みと、裂け目の暗い深さであろう。

ジョンソン副大使は非公式会見のさい、ベトナムというのは古来トンキン、アンナン、コーチシナの三国にわかれ、さらにフランスが分割統治の原則にしたがって、あらゆる利用しうる分裂的要素――地理的、種族的、階層的、宗教的要素を利用し助長したので、一つのまとまったネイション（民族）とはいいがたく、したがってベトナムにナショナリズムなど存在する現実的基盤がないという意味のことを、はっきりといった。したがってベトコンを民族主義勢力とみるのは虚構にすぎず、いわゆる解放地区の農民たちがベトコン側についているのも、ベトコンの報復がおそろしいためだけで、政府側の支配力がそこまで及べば、問題なく政府側についてくる。つまり根本的なことはセキュリティー（安全）であって、どちらの側が実力つまり戦力をもって彼らのセキュリティーを保証してやれるかという一事につきる、とジョンソン氏はきわめて明快単純に説明した。

個人の心理、信念、思想などというものを、快よいほど捨象した明快な力の論理だった。あの貧相なタクシー運転手がふとみせた微笑、老閣僚が思わずみせた絶望的な素顔など、そういう心の動きは彼の力と安全の方程式の中には、全く組みこまれる余地がなかった。

アメリカ人が全部そうだというわけでない。

もう何年もベトナムをかけまわって取材活動に従事してきたベテランの特派員たちは、ベトナム人も心をもった存在であり、しかもその心は必ずしも表面どおりではなく、深い奥行をもった怖るべき心だということを理解していた。

ある夕方、カティナ通りで顔見知りのアメリカ人記者にばったりと出合った。

「しばらく見えなかったじゃないか」

と私は云った。

「国に帰ってきたんでね」

「休暇かい」

「いや大統領と国務長官に、ちょっと物を教えに行ってきたんだ」

とばさばさの髪に、派手な色縞のシャツ、戦闘服ズボンに泥だらけのジャングル靴をはいた彼の服装をみながら、まさかこの格好でホワイトハウスに乗りこんだわけではあるまいな、と思ったが、いつもこの格好で一緒にデモやクーデターさわぎの中を走りまわっていた彼のイメージからは、正装した彼の姿を想像することはできなかった。

「それで、わかってくれたかい」

「いや、だめだね。全然わからないね。ベトナム人の気持などわかろうともしない」

と彼は絶望的な表情で、ばさばさの髪を両手でごしごしとかいた。

「それでもきみたちの話をきこうとするだけでも結構なことだ。日本の政府なんか、われわれを薄汚ないゲリラの仲間ぐらいと思いこんでいるらしく、われわれの意見をきこうなんて気を起こしもしないらしい」

「われわれの政府だって、一応話はきくが、それだけのことだ。全然わかっちゃいないんだ。廃墟をつくってこれを平和と呼ぶという言葉を知ってるか」

「ローマ人のことだ」

「そうだ。おれはまたここに戻ってくる途中、妙にその言葉が頭に浮かんでね」

「廃墟は外側にだけできるものじゃないしね」

「そうだ。心の廃墟というものもある」

とうなずくと、彼はまたひょうひょうと、ドル買いや浮浪児たちの群がるカティナ通りを歩み去って行った。

心の廃墟、という言葉に深くうなずいたとき、彼がベトナム人たちのことをいったのか、それとも彼自身のことをいったのかはわからなかった。

第六章　〝ベトコン〟とは何か

残りカスの街

北爆につづいて米軍の大増強がはじまり、各地にアメリカ兵が溢れはじめた。米兵は休暇のときは軍服をぬいで、シャツとズボン姿で街を歩きまわる。

「危なくてしょうがない」とフランス人記者が云った。

「アメリカ兵と間違われるかと思って街を歩くのもひやひやだ。地方はもっと危ない。アメリカ兵なんかと間違われて椰子の上から狙撃兵にやられるのは真っ平だぜ。その点きみたち日本人記者はいいな。どこへでも行けて」

それは外見だけの問題ではなかった。私たちはベトナム人を恐れなかった。そういうとき、そのベトナム人という云い方の中には、解放戦線側のベトナム人も含まれている。一般のアメリカ人にとって解放戦線は「コミー」(赤)だったが、私たちにとっては基本的にベトナム人だった。さらにサイゴン側のベトナム人にくらべると、さるバーの女の子の言葉をかりると「日本人のように勇敢な」ベトナム人でさえあった。

あるベトナム人記者にこうきいたことがある。「ぼくは前にソウルにいた経験のあるせいか、学生に興味をもって幾度も接触しようとした。事実幾人もの学生に会ったが、どうも気に入らないんだな。ろくな奴がいないよ」

するとその記者は多分に自嘲のひびきをこめた皮肉な口調で、こう答えた。

「気のきいた学生は、さっさとパリに逃げちまったし、しっかりした奴はとっくにジャングルに行ったよ。残っているのはカスばっかりさ」

「学生だけじゃないのとちがうかい」

「そういうことだな。残ってるのは、おれみたいなカスばかりだ」

ソウルでは百人中九十九人が金日成と北朝鮮人民軍の悪口をいった。ところがサイゴンでは、ホ・チ・ミンの悪口を一度もきいたことがないどころかホ・チ・ミンのことになると、尊敬の念をこめて語るものが少なくなかった。解放戦線のことも恐怖をもって語る人はいたが、軽蔑の口調で語るものに会ったことはない。

ある朝、下宿の女中が部屋を掃除しながらしきりに怒っている。どうしたのだと助手にきかせると、政府が治安と美観のために貧民街をとり払って、水もろくに出ない郊外の荒地に立ちのかせる計画をしているという記事が、今朝の一部の新聞に出たという。「そんなことはデマだよ」とぼくはいったが、夫は兵隊にとられてどこにいるかわからないという、まだ若い気の強いその女中は眼を吊りあげてこう云った。

「もしそんなことをしたら、金持の家は全部火をつけて焼いて、ベトコンになってやる」

ベトナムの女は体つきがほっそりしているにもかかわらず、気性は一般的にはげしい。

本棚にジョージ・オーウェルの『一九八四年』の並べてあるさる新聞の編集長は、それほど単純ではなかった。「コミュニストは嫌いだ」と彼は云った。だが「ではベトコンはコミュニストか」と聞くと、当惑した顔で黙ってしまう。「ではコミュニストじゃないのかい」とかさねて聞いても、やはり重苦しい表情で黙ったままだった。

ベトコンと日本人

南ベトナム民族解放戦線（サイゴン政権とアメリカのつけた俗称は越共《ベトコン》、略してVC）とは一体何なのか——これはいわゆるベトナム問題を解く最も重要な要《かなめ》だ。というのは、サイゴン政権およびアメリカは、彼らを北ベトナムの共産政権の送りこんだ共産主義者の政治工作員と軍事要員が南ベトナムの農民たちを、武器をもって脅迫してつくりあげた「間接侵略」の手先きだという見解をとっている。また一方には、ゴ政権の圧政と腐敗、およびそれを援助するアメリカに反対して、自然発生的に起こった農民反乱、良心的民主主義者、民族主義者の抵抗運動の連合組織だという見方があるからで、しかもこのちがいは単なる性格規定の問題ではなく、アメリカの軍事援助と実質的介入が正当か否かという問題から、停戦交渉の当事者としての解放戦線の資格を認めるか否かという問題まで、ベトナム問題の底を貫く最も基本的な問題だからだ。

この問題の解明はサイゴン特派員のいわば究極の課題であると同時に、ベトナムのあらゆる事態を捉える基点でもある。だが皮肉なことにこの最初にして最後の問題の対象そのものを、完全に解明実証することは不可能なのだ。毎夜、郊外からひびく砲声が解放戦線の厳然たる実在を強烈に印象づけ、毎日の会話で一度は必ずベトコンが話題にのぼるにもかかわらず、その素顔をこの眼でみることはできない。いわば主役の顔のみえない芝居を眺めているようなものであり、のしかかり忍び寄る黒い巨大な影を日夜痛いほど感じつづけながら、その正体は謎の霧の彼方にかくれている。

その意味で極端にいえば、一切のベトナム報道は不完全だといってよい。それも部分的な不足ではなく、少なくとも二本柱の一本を欠くという致命的な不完全さである。したがってどのように客観的で公正だと自称するベトナムの報道でも、最大限、半面の真実しか伝えていないことになる。私が自分のことを前サイゴン特派員とはいうが、前ベトナム特派員とは決していわないのはそのためだ。少なくとも南ベトナム政府支配地区特派員というべきであろう。

おそらく「サイゴン政権とは何か」という問題意識をもってサイゴンにくる特派員はいないだろうが、サイゴンにくる外人特派員のほとんどが「ベトコンとは何か」という強い関心をもってくることは間違いない。岡村昭彦氏からきいた話だが、アメリカの某通信社だったか放送会社かの特派員、カメラマン一行が大型自動車にのりこんで、南部デルタ地帯であそこが解放区という方向に遮二無二《しやにむに》突進していったというのも、笑うことのできない真剣な話である。

結局この自動車は解放区の端までたどりついたが、現われた解放戦線の委員に「どうぞお引きとり下さい」と追い出され、出てきたところを政府軍につかまってさんざん油をしぼられたそうだ。こういう例は他にもかなりあるらしいが、私の知っている限り、欧米特派員でサイゴン側から解放区潜入に成功した例を聞いたことはない。ソ連、東欧諸国とフランスの特派員が、ハノイあるいはカンボジア経由で裏から解放区に入った例はある。

この点で唯一の例外が日本人記者だった。第一にわれわれは解放戦線を少しも恐れなかった。解放戦線を共産主義者ではなく、民族主義者と確信していたために、恐れなかったのではない。たとえ共産主義者であろうと、彼らはまずベトナム人であるという点において、われわれは政府側ベトナム人との間に質的な差を感じなかった。

第二にわれわれは解放戦線の人たちの行動を理解していると信じていた。もし私もベトナムに生まれていたら、この腐りきったサイゴンを去って、ジャングルに行ったのではないかとさえ思う。朝から米兵相手のバーが軒並みにひらいて怪しげな女たちが群がり、援助体制に寄生し汚職で肥え太ったひとにぎりの特権層が、ぜい沢のかぎりをつづけているサイゴンの街中を歩きながら、私がそう感じたのは二度や三度ではない。

第三に解放戦線側も、日本人には敵意をもっていないということがひろく信じられていた。元仏印進駐日本軍の兵士で、敗戦後帰国せず、ベトミン軍に加わって対仏独立戦争を戦ったものがかなりいたらしいが、そのうちの幾人かは、いまも日本商社の仕事などをして残っている。その人たちにいわせれば、かつてベトミン軍のとき「日本帝国陸軍歩兵操典」を教えてやった連中がいま解放軍の幹部になって活躍しているという。

そのうちのある人の話では、彼が仕事をしている政府地区のある場所の近くの山に、解放軍部隊がこもっているが、その隊長が元の彼の部下で、時々山を下りて彼のところに遊びにくるそうだ。あるいは養蚕事業や水産関係で日本からきている指導員の人で、南ベトナム全土を歩きまわっている人がいるが、この人たちは解放区をも平気で歩きまわり、政治を越えて技術を教え、解放戦線側からも感謝されているともいわれている。さらに解放戦線側が日本人を敵視しないどころか、尊敬さえしているといううわさがかなり行なわれていた。

そうしたわれわれの解放戦線観は、実はかなり甘かった点もないわけではない。しかし解放戦線に対する感じ方において、日本人記者たちが他の欧米諸国のそれとはかなりちがっていたことは事実だ。同じアジア人といっても韓国の記者たちは、ベトコンというとアメリカ人記者以上におびえていたのとは対照的だった。私の知っている限り、岡村昭彦、朝日新聞の瀬戸口記者、社会新報嘱託のカメラマン上野弘の三人がすすんで解放区に入っていったのも、そのような日本人記者の特殊条件においてである。三人ともある意味では期待に反して、収容所にぶちこまれるという結果になったが、少なくともサイゴン側からの解放地区取材という面では、日本人記者は世界中のサイゴン特派員を羨ましがらせたし、またそれだけの実績もあげたといえる。

岡村氏の場合はまず、南部デルタ地帯で事前に連絡をとって解放地区農村に入り、ついでサイゴン北方タイニン省のいわゆるCゾーンのジャングルの奥にあるといわれる解放戦線の本拠に入った。事前に連絡はとってあったそうだが、収容所に入れられた。ただ収容所入りも日本人記者の場合は、捕虜扱いというより、上級機関の指令を仰ぐまでの、あるいは身許確認を終えるまでの抑留措置に近く、確認が終われば数日間、お客様として幹部との面会を許される。帰りも護衛つきでサイゴンまで送られている。

瀬戸口記者の場合は競争紙の関係上くわしい事情は知らないが、サイゴンであらかじめ連絡をとってから中部海岸地帯から入ったらしい。私の確実に知っていることは、しばらくサイゴンでぶらぶらしていた瀬戸口記者の姿がみえなくなって、三、四週間ほどして同じ朝日新聞の秋岡記者が「瀬戸口から全然何の連絡もないのでそろそろ心配になってきた。万一という場合があるから、本社に捜索隊の派遣を依頼しようか」と喫茶店で私に相談めいた話をしたことだ。このとき私たちが「万一の場合」といったのは、解放戦線地区内のことではない。解放地区内での取扱いについては、これまでの日本人の例から、全くといってよいほど心配してはいなかった。心配なのは、解放区を出てきてから政府側につかまったのではないかということだ。政府側からみれば通敵罪めいてみえるだろう。解放戦線取材でこわいのは、出てきてからの政府側警察と憲兵だというのがわれわれの常識だった。政府側の記者証をもって動いている事実から考えると奇妙なようだが、解放戦線側なら話はわかるが、政府側の秘密警察などは何をするかわかったものではない、というのが私たちの実感だったのだ。

岡村氏も瀬戸口記者もサイゴンに戻るとただちに、ひそかに香港に飛んでいるし、上野氏の場合も無事逃がすのに、私と林君は大いに苦労した。

ベトコン地区潜入

傑作なのはこの上野氏の例だ。もちろんベトナム語は全然できない。英語も怪しい。金もごくわずか。あるのは写真屋から借り出してきたという、新品のニコン二台と、それに信念というにはあまりに素朴すぎる向うみずな善意だけだった。解放戦線の本拠にのりこむんだと、サイゴンに現われる早々、彼は私たちに云った。「事前に連絡とってあるのかい」と聞くと「そんなものいらないでしょ。解放戦線は民衆の組織だし、ぼくも地位も金もない日本の民衆のひとりなんだから、何も遠慮することないじゃないですか」

ホテルの前にはポン引きを本業とする雲助タクシーが並んでいるが、その一台をつかまえて彼は「ベトコン、ベトコン」といって札を振った。雲助運転手は「OK、OK」と早速、彼をのせて走り出し、サイゴン郊外をぐるぐると何時間もぶっとばしてからホテルの前に戻った。怒った彼が「ベトコンはどうした」となじると「ベトコンのところを走ってきた」と運転手はすまして答えたという話を聞いて「なるほど、郊外一歩出ればベトコン地区ともいえるんだから、運転手もうそついたわけじゃないよ」と私たちは笑った。「でもタクシーにのって真昼間ベトコンに会えるならおれたちも苦労しないよ」

それから一ヵ月以上、彼の姿はサイゴンから消え、うわさもきかなくなったが、雨期に入りかけたむし暑い夕方、MACVのブリーフィングに出るため下宿を出ようとしているところへ、ふらりとひとりの男が入ってきた。くしゃくしゃの登山帽、ぼうぼうのひげ面、よれよれのシャツとズボンに小さなリュックひとつ、まさに浮浪人といった格好だったが、私を見るとその男は大声で「行ってきましたよ。とうとう。ベトコンに会ってきた」と叫んで顔中で笑った。「わかりませんか。ぼくですよ。上野ですよ」

やつれたひげ面のせいか、二十五歳の彼が四十歳ぐらいにみえた。

ジャングルの奥の捕虜収容所に一ヵ月抑留されて、いまサイゴンに帰りついたのだという。彼は山登りからでも帰ったような調子で興奮しているが、私は青くなった。露見すれば警察に逮捕される。日本大使館に電話したら、彼は警察の指名手配になっている。彼がホテルを出てから泊まっていたベトナム人の家の主人が、彼がベトコン地区に行くんだといって家を出た日に早速、後難をおそれて警察に届けたからだ。「変な日本人が、ベトコン地区に行くといって出て行ったが、私には全然関係ありません」というわけである。

トランクはまだその家においてあるという。林君と二人で早速引き取りに行ったが、裏町の街角に立っている人間が、どれも秘密警察の張りこみにみえて、トランクを受けとって引き返しながら、私は幾度もうしろの窓から尾行の車に注意しなければならなかった。

すぐに出国の手続きをしようとして旅券を調べると、滞在ビザがもう一ヵ月も切れている。これではどうしても移民局に出頭しなければならない。もし指名手配が移民局までまわっていたら終わりだ。そこで私と林君は彼と一種の取引きを約束した。出国はどうにか手を打つ。そのかわり解放地区の話を他の日本人記者にはしゃべらないこと。もしかしたら、と思ってその夜偶然サイゴン港に入港していた横浜行きのフランス船をたずね、船長に事情を話して香港まででも密航させてもらおうとしたが、やはり断わられた。結局、サイゴン官僚機構のルーズさから移民局まで手配はされてないことがわかり、ビザの方は多少の金を使って延長してもらい、どうやら香港行きの旅客機に乗せるまで私たちはひやひやだったが、本人は私たちが用意した難民部落の中の隠れ家の主人と意気投合して、一緒に街を呑み歩いたりして呑気なもの。だがその数日間に、私たちは合計十時間以上も彼の体験と見聞を聞き出した。

聞きながら、私はまずその無謀さにあきれ、その呑気さに笑いころげ、そして最後には一種の感動さえおぼえた。芥川龍之介の短篇に、浄土は西の方にあると教えられて「アミダ仏やあい」と呼びながら、ひたすら西へ西へと歩きつづけた男の話があったが、そのような純粋なひたむきさで、彼はついに解放地区の中心部まで行ったのである。

解放戦線の本拠はサイゴンの北方、カンボジア国境に近いジャングルの奥にある、と聞いた彼は、カメラと小さなリュックサックだけをもって、ただ北へ北へと進んだ。まずバスにのり、バスが切れるとトラックを止めて乗せてもらったが、道は至るところで戦線になっている。政府軍の機甲部隊が燃える部落のはずれに布陣していて、スカイレーダー機が彼方のジャングルを爆撃している。だが彼は戦車の列の間をすりぬけて、スタスタと歩きつづけた。

驚いた政府軍兵士が「危ないから、戻れ！」と叫んでも、彼は「ＯＫ、ＯＫ」と笑って手を振り、とにかく北の方へ歩く。政府軍の兵士たちはあきれて見送るだけ。時には機銃をつけたジープが全速力で追いかけてきたこともあるし、米軍の観測機が野原の中を歩いてゆく彼めがけて超低空で舞い下りてきたこともあった。ゲリラの影にもおびえている政府軍兵士たちにとって、戦争など眼中にないそうした彼の行動は、ほとんど現実のものとは思えなかったらしい。とにかく彼は「ベトコンやあい」とただ北へ北へと向かった。

そして再びつかまえて乗ったバスが、燃えている村の近くを通りかけたとき、彼はバスを下りた。小さな村が一面、爆撃で火の海になっていて、道路のわきには機銃掃射で首を射抜かれた水牛が死にかけている。解放村だと彼は感じた。だが人影はない。夕陽の中に燃える村の写真をとると、疲れた彼は道のわきの草むらに横になったと思うと、眠ってしまった。

やがて人の気配で眼をさますと、まわりにどこにかくれていたのか子供たちが取りかこんでいて、そのうしろに大人の足がみえる。その足がホ・チ・ミンぞうり（タイヤの切れはしでつくるゲリラ専用のジャングル用サンダル）をはいているのを見ると、彼は急いでとび起きて「やあ、ベトコンだね」と満面で笑いながら手をさし出した。

その勢いにのまれてゲリラの方も思わず手を出してしまい、手をにぎり合ってから苦笑した。「日本人のカメラマンだ」と旅券とカメラをみせると、ついてこいという。村のうしろのジャングルの中に一軒の小屋があった。ゲリラの前線司令部らしく、農民服に小銃をもったホ・チ・ミンぞうりの男たちが幾人も出てきた。所持品を検査されたが、その間も、別に縛られるわけでもなく、銃をつきつけられるわけでもなかった。結局、さらに上級機関に引き渡すことになったらしく、一人の少年と老婆と、それに護衛のゲリラがついて、彼はそれから三日ほどジャングルの中を抜けて、西へ歩いた。私たちは彼の話をききながら地図を調べ、最初に解放軍ゲリラと出会ったのが、十三号国道を北上したビンロン省アンロク付近、そこから西方へ三日行程でほぼタイニン省のCゾーンの中心あたりまで歩かされたと推定した。途中幾つもの解放村を通りすぎ、夜はゲリラ基地で寝た。眠るとき武装兵がひとり脇に寝たが、特に警戒する風もなく、朝は一緒に飯にニョクマムをぶっかけて食べた。米だけは豊富そうだった。

そうしてCゾーン中心のジャングルの奥の収容所に、一ヵ月近くの抑留生活を彼は経験するのだが、抑留といっても収容所の中は自由に歩きまわることができ、政府軍捕虜などの他の収容者とも、また警備のゲリラ兵たちとも自由に話すことができた。ゲリラたちの何人かと親しくなり、やがて釈放のときは心から別れを惜しんでくれ、腹一杯飯をくわせてくれた。帰路は護衛兵一人と半日ほど完全に目かくしされてジャングルを抜け、さらに半日、足もとだけみえるように半目かくし、それからは目かくしなしで歩き、やがて川のほとりに出るとちゃんとサイゴン政府の国旗をつけた乗合船が待っていて、その船でサイゴンのすぐ近くまできた。そこからは一人でバスでサイゴンに帰ったという。

老知識人の苦悩

私自身についていうと、読売新聞の常駐特派員は私一人だったので、普通一ヵ月が相場になっている解放区潜入と抑留生活を敢行するわけにはいかなかったし、本社からも「朝日の瀬戸口記者が解放区入りの特命を帯びてそちらに行くらしいが、貴兄は従来どおりサイゴン常駐特派員として、正常の仕事をつづけてもらいたい」といってきていた。

それで間接的に解放区に入った人たちの話をできるだけくわしく聞いたし、すでに一月頃、仏教徒反政府運動の頃に、うしろの山にベトミン時代の部下がいるという残留日本人に頼んで、私と林君と二人でその日本人のところに遊びに行き、そこに〝偶然に〟ゲリラ隊長も山から下りてくるという計画をたて、ゲリラ隊長との連絡を彼に頼んでいた。連絡がつき次第、急行することにしていたのだが、その後米軍機の爆撃作戦が強化されて、その山中のゲリラ陣地も手ひどく爆撃され、この計画も結局はご破算になった。したがって私自身は解放区に入っていないし、はっきりと解放戦線を名乗る人物と会ったことはない。

しかし解放戦線という、音だけは毎夜聞きながら素顔のみえない大いなる影の正体を求めて、いろいろの筋をあたり歩いているうちに奇妙な人物に会った。この人物はまだサイゴンにいるのではっきり書けないが、教養と気骨ある老知識人、自分では決して明言しないが、サイゴン側のリベラリストの左派で、どうやら解放戦線側の右派、つまり非共産系の知識人たちと連絡があるようだった。大体当時、私が幾つもの筋からきいたところでは、解放戦線の組織内部における共産主義者、つまり人民革命党の勢力は約一〇ないし三〇％で、とくに指導部はサイゴン出身の弁護士（グエン・フート中央委幹部会議長）、建築家（フィン・タン・ファット書記長）ら知識人の革命的民主主義者が多いのに対し、第一線の遊撃隊長、政治委員クラスでは戦闘の中から育ってきた若い人民革命党系の戦闘的分子が急激にふえつつあるということであった。この知識人派の見解が、間接的にかなりくわしく私の耳に入ってきた。私の感じではこのサイゴン左派、解放戦線右派のグループは、プノンペンあたりを通じてフランスと関係があるらしく、たとえば二月のグエン・カーン追放クーデター直後にサイゴンの知識人、学生を中心に、解放戦線との直接停戦交渉をはっきり要求した平和運動が急に公然化した。これがグエン・カーン将軍の失脚とほぼ同時に起こったことに、私は偶然の一致以上のものを感じている。その指導者の、獣医出身の政治家チァン・バン・フエン氏らはただちに逮捕され、三月十九日、北緯十七度線から北ベトナムに強制追放されたのだが、翌二十日にはフエン氏ら一行が無事ハノイに入り、大歓迎を受けたという情報がただちに私の耳に入った。そしてその後間もなく、同氏がパリに行って欧州で反戦宣伝を行なうという計画もほぼ同じ筋から伝えられるという具合だった。

もちろんそういう個々の情報より、私にとって貴重だったのは、この筋の人が最初メコンデルタの穀倉地帯をもつ南ベトナムは食糧の足らない北とちがって、急激に共産主義政策とくに早急な農業集団化政策をとる必要のないこと、経済はゆるい社会主義的計画経済、政治は幅広い人民戦線的民主主義でやってゆけること、北との統一は大体二十年後を目標にしていることなど、意外に柔軟な線を自信もって語っていたのに、二月北爆開始につづいて、米軍の直接介入がはじまるとともに、非常に動揺しはじめたことだった。

つまり米軍の大増強による強圧政策がはじまり、ベトナム戦争がアメリカの戦争となると、解放戦線内部においても対米徹底抗戦を叫ぶ人民革命党系の強硬派の主張が急速に力を得、非共産系の民主社会主義的なグループは発言権を弱められ、結局、本来は必ずしも共産主義的ではない解放戦線が全体として極左化せざるをえなくなるという憂慮であった。彼はそれを表面は彼個人の見解として語ったが、彼の懸念と動揺の裏には、サイゴン側の良心的分子と非共産系勢力を中心とする解放戦線との交渉による連合政府樹立、そのもとでの中立主義で民主社会主義的な南ベトナムという構想そのものの動揺があると私は感じた。

グエン・カーン将軍追放クーデターの直前頃から、ひそかに会合と署名運動が行なわれ、同クーデター後にほとんど弾圧を覚悟して公然化した反戦平和運動は、このグループの絶望的な抵抗か、あるいはこの後にくるべき戦争のいっそうの激化とアメリカの戦争への変質に対する警告信号かであったと私は思う。

この平和運動のニュースは、日本の新聞にはあまり大きくのらなかったし、重大視されなかったが、私は氷山の一角として重視して何本か長い記事を送った。それは、たしかに氷山の一角だった。その下の部分の一方は解放戦線の右派グループにつながっていたとみられるし、他の一方はサイゴン側の狂信的反共抗戦派でないグループに、つながっていたと考えざるをえないからだ。

解放戦線の側についていうと、この平和運動が表面上壊滅し、北爆が本格化し、南でもそれまでは政府軍のプロペラ機スカイレーダーが主であったのに対して、米軍のF105ジェット戦闘機、B52双発ジェット爆撃機のナパーム爆弾が主体となり、さらに海兵隊をはじめ米地上軍の投入も本腰となってきた三月中旬頃のある日、さきにあげた老知識人が至急会いたいと連絡してきた。

市内の某所で落ち合うとほとんど興奮して、つきつめた口調で語った。「解放戦線がついに北と抗米統一戦線を決定したらしい」

「いつのことですか」「二十日頃」「それで」「これで南の解放戦線の独自性は大きく制限を受けるでしょう」「つまりハノイの共産政権の発言力が強まり、解放戦線内部でも人民革命党の勢力が強まると、そういうことですか」「そうなりますね。これは大変なことです。解放戦線が結成されたことより重要かもしれない」

そういってこの老知識人は、暗い眼つきで壁を這うヤモリの行方をじっと追っていた。いつもは解放戦線のことは間接的に聞いた形でしゃべるのだが、この夜だけは時折直接法がまじった。南に社会民主主義体制を、北との統一は二十年後、というコース——私たちには若干理想主義的すぎるようにもみえるこのコースと、それにぎりぎりの夢を賭けてきた人たちが、大きく揺らいでいるのが感じられた。解放戦線は最初から北が送りこんだ共産主義者の間接侵略の道具だ、といった粗雑なアメリカの公式見解では割りきれぬ、解放戦線という組織の複雑な性格が、微妙な反応を起こしかけていることを、私はこの老知識人の表情から感じた。

ベトナムで少しすごしてみれば、北ベトナムと南ベトナムの人たちの間には、かなりの反感に近い感情のくいちがいのあることがわかる。

私の下宿の主人のように、ハノイを逃げ出していわば南に世話になっている人も露骨に、南ベトナム人の万事ルーズさを嘲笑し、北の人間がいかにしっかりしているかを、自慢そうに語ったし、南の人たちは北は食糧が少なく気候もきびしく、南ほど生活が楽でないので、人間がよくないという。ある皮肉な南ベトナム人はこういった。

「南ベトナム戦争とみんないいますがね、この戦争は北ベトナム人同士の戦いですよ。ベトコンの主権をにぎっているのが北ベトナム人なら、政府側の強硬派も、北ベトナム出身の避難組です。本当のことをいうと、われわれ南ベトナム人には迷惑な話なんですがね。われわれ南の人間は、北の人間ほど肘を張って争ったりしませんよ。よい意味でも、悪い意味でも、万事適当にやるんです」

「ベトコン」といったいい加減な俗称から、こうした微妙で決定的なニュアンスが脱落する。いわゆるベトコンはまさに南ベトナム民族解放戦線であって、一度はハノイの共産主義体制に絶望して南に移りながら、ゴ政権の腐敗、独裁、そして植民地体制によりいっそう絶望して解放戦線に加わった人たちもあると私はきいていた。

共産主義から悪い面、たとえば画一主義、官僚主義を取り去り、よい面、たとえば反植民地主義、計画経済だけをのばそうという理想主義。それは単にベトナムの問題だけでなく二十世紀の歴史の最も重要で困難な問題を試みるという意味で、意義のある試みにちがいない。

だがその理想主義が、アメリカのむき出しの力の政策、力の外交、力の戦略の前に、崩れようとしている。私はふと老知識人の話をききながら、スペイン内乱でのアナーキストたちの悲劇的な運命について考えていた。

「革命が人間をより人間的にすることであってなぜいけないのでしょうか」

「そんなことをいっているうちに、ファシストたちの戦車がくる」

アンドレ・マルロオの『希望』の中のそんな一節を、私は思い浮かべながら、アメリカのジェット機が殺しているものが、ゲリラと村の農民たちだけではなく、一つの希望と実験であることを痛いように感じた。本来なら当然、自壊作用を起こしていたはずのサイゴンの買弁《ばいべん》的特権層の精神的腐敗を、アメリカの武力は強引にくいとめ、さらにサイゴンの道徳的悪臭を憎んでジャングルに去った人たちの精神をも、いま押しつぶそうとしている。

特権層の頽廃

この点について私は特に強調したいことがある。それはベトナム問題を論ずる場合に、ベトナムに比較的長期間滞在したか、それとも全然行ったことがないか、あるいは短期間招待旅行しただけかの重要なちがいについてである。

現地体験のない人たちのベトナム論には幾つかの盲点があるが、その最も大きいひとつが、サイゴンの精神的腐敗の認識の浅さである。日本でも汚職はあり頽廃はある。だが後進国の支配層の精神的頽廃ぶりは、日本では決して想像できない。私はソウルでも表面だけアメリカナイズした特権層の精神的不健全さに、強い抵抗感を感じたが、サイゴンのそれもソウルに決して劣るものではないし、それ以上にすでにパリとジャングルに去っていったその残りカスの連中で構成されるサイゴン特権層のそれは、さらにひどい。

いまでも家庭では家族同士フランス語を使う上流家庭があるが、そういう表面だけの物質的、文化的特権層の民衆に対する感覚は、まさに奴隷の前では、裸体になっても羞恥を感じなかったといわれる古代ローマの貴婦人たちに似ている。

本質的に、彼らは自国の民衆を同じ人間と考えてはいない。ひとにぎりの支配層と、貧しい大多数の民衆の落差は、中間層の増大した日本の社会では想像もできない。ソウルでもそうだったが、彼ら少数の人たちというのは、一体どこからあれだけの金が入ってくるのだろうか、いまもって私は理解できない。それに援助体制下にあっては、資本家は製品の質の向上、経営の合理化といった正当な競争に打ち勝ってゆくことが第一義なのではなく、政府高官からどれだけ援助物資と援助資金の枠を割りあててもらえるかが最重要な仕事の内容である。

自国の手持ちドルのない後進国の資本家たちにとって、たとえば、輸入はすべて米援助資金に頼るより仕方なく、またはアメリカが援助という形で押しつけてくる余剰物資をいかに原料として手に入れ、それが自国の産業にどんな壊滅的な打撃を与えようと、加工して流すかが仕事である。そこに政府当局と資本家の間に強い結びつきが生じ、汚職は当然のこととして発生する。

日本でも街や汽車の中、飛行機の中でまで、ステテコ姿になって平気な人種がまだいる。そういう、自分の家の中と外との区別、公と私との区別がまことに不明確である。公的地位とは、私的利益のための自明の手段であるらしく、汚職は悪徳ではないし、日本でなら「ヤミ屋」とは蔑称だが、密輸、米軍PX流れ販売、官品横流しなどは、何ら恥ずべきことではないらしい。むしろ有能な手腕の証明のごとく考えている。

大体彼らの中には〝社会〟という観念は存在しないらしい。同質の個人の集まりとしての自分たちの社会という観念がないのだ。かつて植民地統治下にあっては、社会とは植民地支配者たちの動かすものであって、自分たちが自分たちの社会を構成し、動かしているという主体的な考え方はないし、あってはならなかった。同時に物質的・精神的に貧しすぎる自国の民衆と自分たちが同じ社会を共有し、共通の権利と義務をもっているとは、本気で感じられないのだ。自分と自分の一族ないし自分のグループは実体だが、社会は抽象的な単なる言葉にすぎない。だから社会的責任という感覚は生まれるはずがない。また彼らの労働に対する考え方も、おそるべきものである。労働とくに肉体労働は、貧民たちが行なうように神によって定められているといった感覚で、まともな、と彼らが思いこんでいる人間は、労働などするべきでなく、特権を利用して、うまく立ちまわるのが、すぐれた人間の証明であり、働らく者は無能な証拠なのである。

彼らは徹底的に働らかない。女たちはたとえどのような方法であろうと、宝石と最新流行の洋服を買う金を男たちに求め、家を焼かれた難民がいくらあふれようと、毎夜着飾ってパーティーを歩きまわり、親の特権で徴兵を逃れた息子たちは、うまくパリに行き、あるいはスポーツカーをのりまわし、小学生の娘たちが運転手つきの車で学校まで送り迎えされる。要するに自分たちの社会を、人々との連帯のうちに積極的につくり動かし改善してゆくという観念そのものが存在しない。

それは理屈ではなく、まさに骨のズイまで滲みこんだほとんど生理的・遺伝的な感覚の問題である。極言すれば、そういう感覚は死ななきゃ直らないだろうと私には思われる。少なくともそういう感覚が、現実的に発揮されないような具合にしてしまわない限り。

マダム・ゴ・ジン・ヌーが僧侶の焼身自殺について、数々の暴言を吐いたことは有名だ。それもカトリックの彼女の反仏教的反感というより、乞食坊主や貧民仏教徒など、人間のうちに入らないとする彼女たちの階層にとっては、至って自然な感覚を多少正直に表明したまでだということが、私はサイゴンに行ってみてよくわかった。

明るい陰画

解放戦線が果たして民族主義者の人民戦線的組織なのか、共産主義者の破壊活動団体なのか、その答えを、実証的に明示することは私には不可能だが、サイゴン支配層の非主体性、道徳的低下、反人間性、反社会性その他もろもろの、想像を絶した不健全さを眼の前にして数ヵ月をすぎたとき、一外国人にすぎない私でさえ、憤りを感じたことがしばしばだった。だから、このような連中とそれを背後から操り利用する外国勢力に、生命をすてて反対するグループがでてくるのは当然だし、出てこない方が不自然だということだけは、はっきりと理解した。

はっきりいって、解放戦線が民族主義者か共産主義者かという区別は、私にはスコラ哲学的論議のようにみえる。

私の理解する解放戦線とは、本来、歴史の創造力も、社会の結集力も、推進力も、独立の保持力も、その他支配層としての諸能力をもち合わせない支配層（この連中のフランス語の美しさだけは、汚職の勇気とともに感嘆すべきものである）を、その能力のある新しい層に代えようとする運動である。

より抽象的ないい方をすれば、生きのびようとする民族の前向きの健全な意志とエネルギーの顕現である。その意味でベトナム戦争は、根本的に革命であり内戦とみるべきだろう。

そういう基本的・全般的な条件を具備していなければ、たとえハノイが政治工作員をいくら送りこみ、中国製兵器がいかに運びこまれたとしても、これだけの短期間に(解放戦線の武装闘争が散発的に起こりはじめたのは一九五八、九年からで、正式の解放戦線結成が一九六〇年末、そして六五年初めには、もしアメリカのてこ入れがなかったら、サイゴン政権は倒壊の運命にあった――アメリカの北爆開始がその逆証明であろう)これだけの成功をおさめることはできなかったはずだ。たとえ彼らが、共産主義者だとしても、その共産主義とはそのような性格に他ならない。『資本論』とはあまり関係はなさそうだ。

このような体験的観点を欠くとき、解放戦線は民族主義者か共産主義者かという形式論理が重大視され、共産主義者という概念を既成の観念内容でもって、単純に割り切って恐怖する。

私はソウルで反共統一派の学生たちと幾度も親しく語り合っている過程で、容共か反共かという形式論理が、後進国の変革運動の本質を理解する具体的根拠ではないことをほぼ了解した。ベトナムにおいても、共産主義者か民族主義者かという形式論理は、決して現実の論理ではないことをあらためて知った。

そのような観点から、たとえば現在、インドネシアの学生たちが進めている反スカルノ体制の運動を、単に反共右翼の運動とのみはみない。後進性と植民化の深い歪みをそのままに急造された独立第一期政権の腐敗と非主体性に対する変革運動、近代化運動が左寄りになるか右寄りになるかは、対象の政権が右寄り（親米）だったか左寄り（親中国）だったかという条件に、反発的に対応するのであって、基本的な点は後進性と植民化の後遺症の切開手術、性急な近代化への整形手術だと考える。右か左かは第一義ではない。第一義は前向きか後向きかにある。

おそらく、私と同じ時期のサイゴン特派員たちは、ほぼ同じような観点に立っていた。というよりサイゴンの中で駈けまわり、嗅ぎまわり、話しまわって何ヵ月かを過すうちに、否応なくそのような観点に立つようになっていたものと思う。

私たちが左側から眺めたのでも、右寄りに眺めたのでもない。私たちはまず新聞記者だったから、まっすぐに見た。

すると次第に情勢の奥行きと筋道が、透視できるようになった。そこでサイゴン政権は後向きであり、解放戦線は前向きであることが自然に見えてきた。そして見えたとおりを、私たちは伝えた。

解放戦線側の徹底的取材を許されない私たちにとっては、そのようにサイゴン政権との対応関係において、つまり絶望的なサイゴン政府を〝暗い陽画〟とすれば、それを焼き戻すと姿を現わすはずの〝明るい陰画〟として解放戦線を透視するより仕方なかったわけだ。

たとえ私が解放戦線側に入っていたとしても、そしていつか入ることができたとしても、そのような解放戦線の本質理解は、基本的な修正は必要としないであろうといまも信じている。

第七章　従軍記者の条件

戦闘の取材

この頃は多少面倒になったようだが、ベトナムで従軍取材をすることはそれほど面倒なことではない。

旅券、査証《ビザ》、それにこの人間はわが社が派遣した特派員であると編集局長がサインした身分保証書、写真を持って、まずサイゴン政府情報省報道連絡課（ＰＬＯ）へ行く。そこで政府の記者証をもらい、次に国防省へ行って政府軍の従軍許可証をもらう。

それからＭＡＣＶ（米援助軍司令部）の建物の三階に行って、政府の記者証を出せば、黙っていても米軍の従軍記者証はすぐつくってくれる。

その日はそれだけにして、翌朝また同じＭＡＣＶの一室に姿を現わし、入ったところに坐っている下士官に「ハロー、東京に行ったことあるかい」とでもいってやると、大ていもう若くない下士官なら東京を知っている。

それでスキヤキかテンプラかジャパニーズ・ガールの感想でも聞いてやってから「実は従軍したいんだが」といえば、たちまちＯＫ、いそいそと奥の少佐のところへ連れて行ってくれる。あいさつなんぞいらない。「戦場に行きたい」とだけいえば、壁の大きな地図の前に立って、まるで温泉場を紹介する観光業者のような調子で、「この辺はどうかね。いや、こっちの方が凄いかな」と目下作戦中の場所を推せんしてくれ、話がまとまれば、たとえば明朝七時、タンソニュット空港に行けということになる。

ただ、米軍記者証をくれる前に「もし戦場で取材中、負傷ないし死亡しても米軍に対し一切の損害賠償の請求は致しません。死亡の場合の連絡先は下記のところへ願います」という一札にサインしなければならない。そのとき「死ぬ可能性がゼロではないんだな」と、一瞬ペンを止めるのだが、冷房のきいて清潔で明るく、静かな観光案内所めいたこの一室では「死亡」という字もあまりなまなましい実感を伴わない。

翌朝、空港に行くと、輸送機が待っていて、自分の名前はちゃんとタイプされている。そこからダナン、クイニョン、カムラン湾、カントといった主要基地に行くと、そこのPR係士官もすでに自分の名前をタイプした紙切れをもって待っている。こういうところの米軍の事務的能力のスマートさは実に快い。そこでPR将校にその地区の作戦の実状をきいて、すでに作戦実施中なら、すぐ前線まで連絡へリコプターに便乗させてくれる。前線基地にもPR将校がいる。そこでPR将校や兵士たちをつかまえて話を聞いて、すぐにまた後方に戻り、もっともらしい従軍記を書くこともできるし、実際に出動する部隊のあとにくっついてジャングルの中に入って行くこともできる。

あるいは出動するまでその前線基地で居候することも可能だ。

大体、特派員は兵隊の位でいうと米軍の場合、少佐か中佐待遇である。それに米軍は基地と名のつくところにならば必ず、重油発電機、電気冷蔵庫があり、ビール、ジュースがいつも冷えているし、夕食にはステーキがつき、そして宿泊料と食費は無料。取材の便宜はいろいろとはかってくれて、注文はつけない。もちろん写真、記事の検閲など一切しないし、ほぼ完全に自由に仕事ができるし、何もしなくてもまず当分は無料滞在ができる。

こういう米軍の報道に対する態度は、立派なものだ。この点についてはベトナム報道は恵まれた条件にあるといえるだろう。政府軍の場合も、拷問のときなどは従軍記者を遠ざけるが、数週間も一緒に戦場を歩きまわって親しくなれば、拷問の場面や残虐行為の場面もとれることは、岡村氏や日本テレビの取材班が証明したところである。

従軍記者の人間的条件

この一緒に戦場を歩きまわるということは重要な点だ。岡村氏がしきりに強調していたが、ベトナム兵士たちと寝食を共にし(食の方は普通の日本人はなかなか共にしがたい)生死の危険を共にして一定の期間がたつと、兵士たちが記者を異分子と思わなくなり、素顔の行動を示すようになる。

「そうなるまでが大変なんだ」と岡村氏はいった。「それにくらべれば、拷問現場の写真をとることは、いわば偶然のチャンスにすぎないともいえるな」

したがって、ベトナム従軍記者ないしカメラマンの条件として、次のような点をあげられるように思う。

一、何でも食べられること＝これは解放区潜入の場合にもいえることだが、食物について神経質な人は、従軍記者になれない。米軍部隊に従軍の場合は、単調なアメリカ式食事――ステーキとチキン・フライが一日交代にこの世の終わりまで続きそうな単調さを物ともせず、厚い肉を強引に消化する胃袋をもっていればまず足りようが、政府軍ないし解放区の場合は、まずボロボロで臭くてまずいベトナム米に、生のときはまだいいとして熱すると鼻がまがりそうな悪臭を発する小エビの塩干の汁を腐らせたような例のニョクマムをぶっかけただけの飯、デルタ地帯ならナマズや野ネズミ、中部山岳地帯では、ヘビからトカゲ、サルなどの肉を食べられねばならない。それも川の水や沼の水などで煮たきしたやつで、臭い、汚ない、まずいなどという抵抗感があると十分の体力を維持することができない。

最近の米軍はヘリコプターをふんだんに使うが、政府軍の場合は、まだ戦争とは歩くことである。

二、アレルギー体質はいけない＝解放戦線収容所で一ヵ月余の抑留生活を送って帰ってきた上野弘氏が「一番参ったのはこれだ」とズボンをまくってみせてくれたのは、お灸のあとのように点々と紫色に腫れて崩れた無残な腫れもののあとだった。

収容所は真上まできた米軍機がそのまま通りすぎるぐらいのうっそうたるジャングルの中にある。陽はささず、風は通らず、むれた熱気、熱帯植物の発散するガス、腐った植物の樹や葉がかもし出す毒気が霧のように、つたのからみついた見上げるような樹々の間を這っている。

とくに空襲にそなえて地下トンネルに這いこむと中はどんよりと空気が腐っている。それにさまざまの種類の虫、特にジャングル蚊。そうして極度に悪性の刺激に対して敏感すぎる皮膚だと、全身に反応が起こり、かゆくて一晩中眠れないという。従軍の場合も、ジャングル地帯では同条件であり、デルタ地帯では雨期には腰まで泥水につかるのは普通のことである。

三、分裂型の性格はよくない＝つまりはその隊の中に溶けこめるかどうかである。つねに孤高の姿勢をもって兵士たちとの間に隔壁をおくような態度だと、兵士たちもつねにカメラと記者の眼を意識して〝よそゆき〟の面しかみせない。そういう記者は拷問などの場合、取材を拒まれる。また激戦の場合は結局、助けてもらわねばならないのだから、冗談、ワイ談も平気でできること。この点、岡村氏は英語が非常に達者で、育ちのよいせいか他人にものおじせず、米軍将校たちにも「へーイ、ジョー」といった調子で陽気に接することができて米軍に人気があるし、また若いフリーの従軍カメラマン石川文洋は、こんなおとなしそうな優しい若者が、どうしてあんな危険な取材ができるのか、と不思議に感じられるほどおだやかな性格の人で、政府軍の将校、兵士たちと実に仲がいい。いじいじした性格、傲慢な性格は、単純な兵士たちの心には接することができない。

従軍記者の精神的条件

以上の三つが、従軍できる基礎的な条件だが、さらにこうした条件をそなえて兵士たちとともに従軍した場合、日本人報道者としての仕事の内容を規定する条件としては、次のような点が指摘できるだろう。

一、兵士たちの敵は敵の兵士である。だがわれわれにとっての敵は、戦争そのものであるという基本的態度を、失わぬこと。したがって兵士たちには勝利と敗北があるが、従軍記者にとっては戦争のつづく限り、戦いはつづく。敗北はあっても勝利と戦果のない戦いなのだ。

敗北とは戦闘の勝敗という対立の中にまきこまれること、たとえば親しい兵士が眼の前で殺されるような場合、あるいは戦闘の興奮に誘惑されて戦争を男らしさとか勇気とかヒロイズムとかの面で見るようになることなど、つまり行動を共にする兵士たちには温い心で接しながら、戦争そのものには非情な冷たい眼で対さなければならない。戦争の興奮もヒロイズムもなしに、生命の危険だけは兵士たちと共にするというネガティヴな勇気を要する。

二、兵士たちもまた戦争の被害者であるという認識。おそらく、それほど兵士として勇猛でもなく、戦意もなしに黙って死んでゆく政府軍の兵士たちに対しては、この認識はもち易いだろうが、政府軍の中でも歴戦の下士官や職業軍人の指揮官、またベトナム人部落に平気で火を放ち、農民たちの米を眼の前で焼いたりダイナマイトで吹きとばしてしまう米軍に対しても、そのような認識をもつことはきわめて難しい。

軍人の中には、必ず性格的なサディストがいる。いわゆる頼りになる下士官には、そういう心理的タイプが多い。そういう性格異常者に対してさえ、戦争というものは異常心理を目ざめさせ、助長し、勲章さえ与えて利用していることの認識をもたねばならない。

あるいは『週刊読売』一九六六年九月十六日号の表紙になった石川文洋氏のカラー写真が、見事に表現しているように、そういう殺し屋的下士官が体現しているぞっとする非人間的なにおいを、戦争そのものの悪の象徴として捉えることのできる奥行のある眼をもつこと。戦争を憎むことは、兵士たちを憎むことであってはならない。兵士たちに拷問を、殺りくを、焦土作戦を、流血の興奮を、虐殺の狂気をさせるその背後のものに対する鋭い批判の眼をもつことである。それは何か。経済的・政治的条件から人間の心の中の「衰退の症候群＝死の愛好・悪性ナルチシズム・近隣相姦的固着」（エーリッヒ・フロム）にまで幅広く、そして厚く戦争の条件は存在するだろうが、それを分析と推論によってではなく、眼前の情景への憎しみと怒り、批判と告発から、頭で批判しながら血がさわぐ妖しく暗い興奮までに至るさまざまの交感のうちに、捉え写し書き証言するのである。

三、民衆との関係を見失わぬこと。ベトナム戦争は〝戦線のない戦争〟である。前線と後方の区別はない。解放戦線ゲリラは、サイゴン郊外に夜毎出没し、空軍に援護された米軍・政府軍は解放区の奥深くまでジャングルを押し分けて進入する。

北は北緯十七度線の非武装地帯ぎりぎりの丘陵地帯から、いや、爆撃だけなら北ベトナムの中国国境地帯まで、南はデルタ地帯の運河に沿う水田、マングローブの林の奥の村までが、夜となく昼とない爆撃、砲撃、ロケット弾、戦車の跳梁する戦場である。つまり中部山岳地帯の山奥を除けば、戦闘はつねに民衆の傍と頭上で続けられている。

というより、テイラー将軍の柔軟対応戦略にもとづくスペシャル・フォース（いわゆるグリーン・ベレーの逆ゲリラ工作部隊）戦術が失敗に終わってからは、米軍はもはや民衆の心をつかむなどというなまぬるい戦術をすてた。解放村とみられる村落はまず、ナパームとロケット弾で爆撃し、砲弾と機関銃を集中させて村のまわりの椰子の林、それは貧しい農民たちのわずかな現金収入源であるが、粗末な農家、水牛小屋といっしょにすべて焼き払い、それから村に入る。

抵抗するものは射殺、抵抗しないものは〝ベトコン容疑者〟として連行、防空壕とトンネルには手榴弾と〝非致死性〟毒ガスを送りこみ、つまりゲリラという魚が泳ぐ民衆という水を強引に蒸発させてしまう徹底的な焦土作戦をとっている。そのようにして殺された民衆の数は不明だが、村を焼かれて自然的に、あるいは強制的に政府側難民キャンプに流れ出してきた難民は百三十万にのぼる。実に全南ベトナム人口の十人に一人弱が難民となっているが、この難民の中には、解放戦線の支配を恐れて逃げてきた者も含まれている。

「それが戦争というものさ」と、想像力貧しい自称現実主義者たちはいうだろう。だが、全人口の十人のうち一人が、村を焼かれ、農地を追われて難民化しているという事態、あるいはそういう仕方でしか遂行できぬ戦争というものは、もはや通常の戦争概念をはるかに越えている。

朝鮮戦争のときのように、戦線が何キロ前進したか後退したか、街を幾つ占領したかということは、ベトナム戦争においては意味をなさない。

通常の戦争でなら、従軍記者たちの主要な仕事の内容となるべきそういう〝戦況報道〟なるものは、存在しえないのである。むしろ戦局の推移を見るためには、全土が戦場になっているどこか一個所の作戦にへばりついていない方がいい。部分の動きは必ずしも全体の状況に対応しないからなのだ。

また軍隊の進撃はそのあとに荒廃を残してゆくという意味はあっても、進んだだけが占領地域になるのでは決してなく、作戦が終わって軍隊が基地に戻れば、あとには隠れていた農民あるいはゲリラが再び戻ってくるという、いわば刀で水を切っているようなもので、切った瞬間はたしかに勢よく水は割れるが、あとは再び水面は閉じる。問題は、戦車の進撃路でも村を焼き払った数でもなく、戦争というものが大地と民衆の営みの上に、どのような傷痕を残していくかということ、そういう視点をもつことでなければならないはずだ。

新しい戦争報道

普通、従軍記者といえば、自国ないし同盟国の軍隊に同行して、いわば味方の軍隊がいかに勇敢に正義の戦を戦い、戦場の民衆に対しては優しく親切であるかを伝えることであろう。

たとえば戦争のきびしさ、戦場の苦しさを記述するとしても、それは「にもかかわらず兵士たちは勇敢にその困苦に耐えて戦った」という効果を強調するためであって、自分が同行した軍隊がいかに残虐で非人道的な戦い方をし、戦果の発表には不正確なごまかしがあり、民衆からは白い眼で眺められ、こんな戦争で戦死するのはほとんど無意味に近いことであって、大体戦争ということ自体が勝とうが負けようが、大義名分はどうあろうが、本質的に否定さるべきものであるというような観点から、戦争報道をした例は、もちろんこれまでの日本の従軍記者はなかった。あるいは欧米にもなかったのではないだろうか。

ところが、そのような反戦反軍的戦争報道が、ベトナム戦争で初めて公然と現われてきたのである。この意味はきわめて大きい。私の知っている限り、岡村昭彦をはじめとして石川文洋、開高健、朝日新聞の秋元カメラマン、日本テレビの牛山純一ら一行、TBSテレビの土田節郎一行などが、数週間以上、軍隊と行動を共にして実際に砲煙弾雨の中をくぐってきたが、彼らは「何でも食べられること」から「民衆の側に立つこと」に至る私が右にあげた諸条件をほぼ十分にみたしたと思う。

米軍あるいは政府軍からみれば、わざわざ面倒をみて無料で食わせ泊まらせてやって、拷問、焼き払い、政府軍の戦意のなさ、民衆の反感などを書かれたり撮影されたことは心外にちがいないが、米人記者やカメラマンも、基本的にはこの線を守っている者が多い。その事実は、ベトナム戦争が、これまでの戦争らしい戦争のすべてとちがう、特殊な戦争であることを〝客観的に〟証明していよう。

ウォルター・リップマンが書いていたところによると、ハーバード大学の総長が「第一次、第二次大戦のときは学生たちが兵隊に志願するのをとめるのに苦心したが、いまは志願させるのに苦労している」と述懐したという。政治家や将軍たちが公開の演説で、どのようにもっともらしい大義名分をつけようと、また実際の戦争が物理的にはどしどしと進行していようと、一般の人たちの心の底ではこの戦争が何か〝うさんくさいもの〟を蔵しており、アメリカは〝何か無理をしている〟という漠然たる感覚があるように思われる。戦争とは本来、権力政治の延長にすぎないという意見も十分成り立つが、これまでの大きな戦争には、一方の側に比較的にせよ「反ファシズム戦争」「祖国防衛戦争」といったそれなりの大義名分を成りたたせることができた。ところが現在の米軍の場合「ベトコンは共産主義の間接侵略である」という大義名分の根拠を、第二次大戦で「ナチ・ドイツはファシズムである」ということと必ずしも同じ現実的・論理的明澄性をもって受けとることには困難がある。

私は、北爆開始後に顔色変えて動揺していた、サイゴンの老知識人の言動からみても、それ以前にも北からの人員・物資の援助があったにせよ、現在のように北ベトナム正規軍の公然たる南下介入は、北爆につづく米軍の大増強の結果ではあっても、原因ではないと考えている。解放戦線が共産主義組織だったのではなく、米軍が解放戦線を共産化したのだとさえ考えざるをえないが、私のように、多少とも明確なイメージをもっていない多くの人々、たとえば別に国際問題、ベトナム問題が専門でも何でもない東京の本社の整理部の人たちも、ワシントンの公式声明の大義名分をそのまま信じてはいないらしいことは、見出しのつけ方からもうかがわれる。

「もし米軍が介入せず、あるいは撤退してサイゴン政権が解放戦線に支配されれば、アメリカのアジア政策、具体的に対中国包囲網の一部が、重大な脅威を受けるだろう」という議論は、ある程度の真理を含んでいよう。だがそれは結果論であって、根拠論ではない。

この論理は予防戦争、予防クーデターの論理であって「あくまで侵略の防止にすぎぬ」という自衛の論拠とはなりがたいものだ。こうした無理につくりあげた口実めいた要素が、ベトナム戦争にはまといついているのではないか。

だから自国の米人記者、カメラマンでさえ、この戦争の少なくとも遂行の仕方に対しては本能的に批判的、懐疑的なのであって、米人ジャーナリストたちが「非致死性」といって強力な毒性ガスを使用されていることをすっぱぬき、米兵がライターで農家に火をつける写真、米軍の砲火に追われて子供を抱いて川の中を逃げまどう農民の女の写真（この写真は一九六五年度の写真部門のピューリッツァー賞受賞）を、怒りをこめてとりまくるのもそのような一般的なベトナム戦争観と決して無関係ではあるまい。かつての戦争中にもわれわれが連日、新聞紙上でみせられたような自国の軍隊の正義と勇気を手放しで讃える記事や写真にお目にかかることはきわめて稀だ。

ただ昨年の後半から、米軍の戦闘が激増してベトナム戦争がはっきりアメリカの戦争に変質してからは、それまでフランスの通信（ＡＦＰ）と全く差異のみられなかったアメリカ通信社

（AP、UPI）の戦争記事の書き方に微妙な変化があらわれはじめている。

たとえばいつどこで激戦があったという報道より、何人ベトコンを殺したか、という戦果の報告に、重点がややおかれはじめているというような変化がある。最近私などはAFPと照らし合わせるまで米通信社の戦闘記事はそのまま信用しないことにしているが、それでもかつての日本の報道班員たちにくらべれば、現在の米人従軍記者たちの態度は、民衆と兵士を被害者として、戦争そのものを敵とみるわれわれの時代の新しい戦争観の観点を、基本的には貫いているといってよい。

戦争体験の価値

その原因はさきに指摘したように、米軍の大量介入に何か無理な強引さがあるということとともに、アジアの地上戦にまきこまれてはならないという、朝鮮戦争の教訓がまだ多くのアメリカ人の記憶に生きているという事情があろう。さらには、核時代の戦争の意味について、漠然とながら戦争観の変質がきざしはじめているからのように思われる。ベトナム戦争が米中戦争にまで、確実に拡大すると断言することはできないし、その場合ソ連の核戦力がアメリカに向けられると考えることはさらに困難である。それにしても、ベトナム戦争が明日にも米中戦争から世界大戦にまで拡大しないという絶対の保証も、その論拠も、ありえないのである。たとえその可能性は二〇％、一〇％、いや一％にすぎないとしても、それが決して確実にゼロではないということが人々に与えている不安は、第二次大戦頃までの不安とは質的に異った要素を含んでいる。

もちろんそれを、はっきりと口に出していう人は少ない。しかし、イデオロギーの問題は核戦争の危険を賭けるには値しない、という新しい実感は、おそらく意外に広く深いのだ。

一九六六年夏の米世論調査では「ベトナムで原爆を使え」とする意見が一〇％あるそうだが、逆にいえば、アメリカ人でも十人のうち九人までは核兵器使用に賛成ではないのだし、日本の場合は、この比率はさらに大きく開いているであろう。

日本人従軍記者たちの意識の中には、そのような時代の空気が、ほぼ確実に反映されていた、と私は推定する。しかも日本人記者たちの場合、核戦争の脅威、戦争の悪という観念の裏に、自分たち自身の戦争体験がこめられていることを見逃してはならない。岡村昭彦は、母親の手にひかれて東京大空襲の火の海の中を逃げまわった記憶を語っていたし、石川文洋は米軍の砲撃で焼土と化した、故郷沖縄のイメージをもっている。他の特派員、カメラマンたちも大部分がほぼ同じ原体験をもっている。

私についていえば、難民の群やバラックの難民部落をみるたびに、リュックひとつで貨車につめこまれ、釜山の埠頭の石畳の上で震えて夜を明かし、博多の倉庫でムシロにくるまって寝た引き揚げの屈辱の記憶が、つねに眼の裏に甦ってきた。「人類最初の原爆の犠牲国として」といった壮大な言葉に私はなじめないが、私の親しい広島出身の友人が、いまも風邪をひくたびに白血球の数を真剣に気にするのを、私はつねにみてきた。

かつてアメリカに負けた恨みが、自分の中に残っているとは思わない。むしろ私自身は日本が負けてよかったと思っている。われわれはフランスと同じように、負けたことによって逆に多くのことを学んだが、アメリカは勝ったことによって、ノーマン・メイラーが『裸者と死者』の中で鋭く指摘したように、何か貴重なものを失ったのではないか。その巨大な物質的実力と世界の〝自由〟警護の使命感の重みで動きがとれなくなっているように思われるのだ。われわれの方は八紘一宇的な誇大な使命感を打ち砕かれたことによって、かえって自由になった。

過度の使命感からの自由、恐怖すべきものを素直に恐怖する自由、核戦争を賭けてまでも押し通さねばならぬようなメンツからの自由、つまり戦争を栄光やヒロイズムや十字軍的聖戦意識の枠を通してではなく「鉄片を生身の肉体にぶちこむこと」(アンドレ・マルロオ『希望』)であり、ナパーム弾の炎によって村を焼くことであり、母親や妻や子供が手を合わせる前で農民を拷問することであり、汗まみれになって植え育てた稲田の中に、M113水陸両用戦車で平然と乗りこむことであり、一日実に五千万ドル余という戦費と援助が投入され、いまだかつて一人も戦死したことのないサイゴンの将軍たちが、せっせと、その端の方をかすめとることであり、農民の一割を難民にすることであり、千円でいつでも寝る戦争未亡人たちをサイゴンのバーやキャバレーに溢れさせることであり、青年たちに徴兵逃れの技術をますます洗練させることであると、そのままに眺めることのできる自由な眼を得たわけである。

その意味でベトナム戦争の報道は、戦争に敗けたことによって戦争の正体を見ることができた日本人の、新しい戦争観を実地に応用する最初のケースになったといえる。

そしてさらに、報道者としての私たちの意識の中には、かつての日本のジャーナリストたちが、あの戦争の姿をありのままに伝えなかったことに対する反省もなかったわけではない。今度は国民をだましてはならないという意識が、すべてのベトナム特派員の心の底にあったであろう。

もちろんわれわれの先輩たちも、報道という仕事に対する認識においては、おそらく現在の米軍とはくらべものにならないくらい、頑迷だったにちがいない帝国軍人たちの圧迫下で、それなりに抵抗を行なったであろうとは思う。だが旧日本軍従軍記者たちは、現在米人記者たちが行なっているように、絶えず政府の戦争目的とその理念について検討を促がし、また戦局全体のイメージを国民に伝えるように努めたであろうか。名文調の壮烈な戦闘記事はあったであろう。あるいはその一部には戦争の悲惨さを暗示するリアルな描写もあっただろう。にもかかわらずそれらは〝戦争なき戦闘〟の記述だった。

それに対して、ベトナム戦争の従軍記者たちが試みてきたのは〝戦争の中の戦闘〟の報道である。個々の戦闘場面を即物的に描写しながらも、その奥にこの泥沼戦争の性格をつねに浮かび上がらせることに努め、さらには戦争という手段そのものに対する疑念をも暗示しようとした。

もちろん戦争そのものの批判という場合、記者たちの態度が明確に論理的であったとはいえないだろう。ひと口に戦争といっても、全面核戦争を一方の極限に、他方には武装革命闘争ともいうべき国内戦がある。この中間に局地核戦争、局地通常戦争、外国軍隊の介入する戦争、民族独立戦争、などの幾つもの段階がある。厳密に、そして論理的にいえば、どの段階までの戦争なら認めるか、どの段階以上はいけないか、という区別はつけられないはずであろう。だが私自身の率直な実感はこうだった。

第一に、日本までまきこまれるような全面戦争はごめんだ。しかし私がそう思うとき、一種利己的な後めたさを自分自身に感じないわけではない。

第二に、国内戦は仕方がない。既成権力が、おとなしく新興勢力に権力を渡すことはありえない。この場合、既成権力と新興勢力の区別の基準を、私は農地改革において考えた。首都で遊びまわっている少数の不在地主勢力に対し、農民が自ら耕す土地を求める運動は自然であり、かつそれはその国全体の近代化のカナメをなす問題である。

第三に国内戦の一方に外部から武器援助があると認定された場合は、他方もそれと同等の程度の援助で勝負を決するのがフェアプレーではないか。北爆開始前の解放戦線に対する北からの武器援助は、北爆や世界最強装備の米戦闘師団の投入とは比較にならない。

こうした私の基準は、倫理的にも論理的にも整然たるものでないことを、私はよく承知している。

倫理的には、あらゆる暴力と流血を、全否定したい気持が私にはある。だが、それではゴ・ジン・ジェム政権の腐敗、独裁、特権をベトナム人たちは座視すべきだったろうか、といえば、それに抗議する合法的手段の一切を絶たれていたことがわかるにつれて、どうしても非合法的な闘争形態をとらざるをえなかったのではないかと考えないわけにはゆかなくなる。

フランス革命は血を流さなかったか。アメリカは流血なしに独立したか。明治維新は銃声はひびかなかったか。

したがって全面核戦争に至らない限りの国内革命戦は、倫理的には承認しえないとしても、現代でも現実的にはやむをえないのではないかというのが私の偽らぬ気持だった。問題は国内戦の次元では明白に勝負のあった戦いを、強引に逆転させようとする無理にあるのではないか。

その無理が戦いをいたずらに長びかせ、民衆の犠牲をふやし、国土を焦土にする。要するに民族自決を認め、外国の干渉は排除すべきであって、たとえその民族がどのような政体を選ぼうと、それはその民族の責任であり、他国はそれによって国際政治上のマイナスになるとしても武力介入すべきではないという考えである。

もちろんこの考えより深く、遠く、私はさまざまのことを考えた。たとえば解放戦線工作員の公開処刑を、数メートルの近さで終始目撃したことは、非常な体験だった。

その場合、まだ少年のような工作員を銃殺する政府軍憲兵隊の、ことさら勿体ぶったうやうやしい儀式調に、私は血のにおい以上の吐き気を催したが、ちょうどこの銃殺が歩道の一角で行なわれたサイゴン中央広場の中央花壇には、ゴ政権打倒デモのとき殺された女子学生の胸像がたっていて、もし解放戦線が勝利を得る日には、この歩道の一角にいま野良犬のように射ち殺されたこの少年工作員の銅像が立つのではないかと考えた。

どのような勝利も栄光も償うことのできない血の重さ、そのような犠牲の血なしには進まない歴史そのものの、根源的な不条理が心にこたえた。

だがそれはおそらく、報道者の次元を越えた感慨であろう。絶えずそうした政治と歴史に対する無言の抗議を噛みしめながらも、報道者としての私は現在という限定された歴史的時点の中での、相対的判断の基準に自分の視点を限定した。だが、そうした絶対的な想念をひそかに抱くことが、報道者としての視点にどれだけの影響を与えたかは、私自身も正確にはわからない。

テロと民衆

さらにテロの問題について書いておかねばならない。サイゴン政府情報省あたりでは、日本人特派員たちは政府軍の拷問には熱心でも、解放戦線のテロには抗議しない、と不満のようだった。だがテロには二種類ある。

一つは地方での腐敗役人に対するテロ、もう一つはサイゴンその他の都市での、米軍施設および米軍人の出入するバー、高級レストランに対するテロである。

最初の例に私たちが直接出会ったことはないが、信頼できる筋からきいた話では、政府側の村の警官や村長の援助物資の横流しや税金のごま化し、その他の明らかな不正行為が目にあまる場合、ある日、手紙が舞いこむ。

「お前はこれこれの不正を働いているが、猛省を促す――解放戦線」というわけで、それでも不正を止めない場合、一ヵ月ほどして二度目の警告の手紙がくる。それでもなお直らないときは、ある夜、その警官か村長は何者かにのどをすっぱりと切られて殺される。時には死体の傍に罪状を列挙した斬奸状が立てられている。村民たちはいい気味だと内心歓迎し、たとえ犯人を知っていても決して口外しないという。

「殺すのは必ず二度の警告状のあとですよ」

とその消息筋はいっていた。

第二のサイゴン市内の場合は、幾つも私は現場をみた。米大使館横の道路で自動車につんできた二百キロ爆薬を爆発させたときは、米大使館の窓や壁がこわれたのはもちろんだが、向い側のレストランや、日本商社などもかなりの被害を受け、レストランにいたベトナム人多数が死傷した。また深夜、不意に爆発音がしてタクシーでかけつけてみると、街角のバーの並びのベトナム人商店が三軒ほど正面をやられ、路上には吹きとんだ壁や屋根が散乱し、その間に点々と血がとびちっていた。

犠牲者はすでに病院に運ばれたあとだったが、歩道で遊んでいた子供が数人やられたという。米大使館横や水上レストランの場合は、必ずしも一般市民の犠牲とはいえない。米大使館近くが危険なことはわれわれでさえ常識であって、一般市民はそういう危険な場所には、まず特別の場合以外近づかない。

米大使館横のレストランでやられたのは、私服の警官たちだといわれているし、水上レストランの場合も、米兵相手の女か、政府高級官吏や政商たちがほとんどで、一般民衆は経済的にそういうところに入れない。また何年来、テロに慣れている民衆は、本能的にそういう危険を感じとっている。

したがってこれらの場合、解放戦線のテロは民衆をまきぞえにすると簡単にいうことは正確でない。ただ歩道の子供の場合は、米兵の集まるバー（中心街のバーにはベトナム人は奇妙なほど絶対に入らない）にテロ工作員が爆薬をもって入りかけたところを門番に見とがめられ、逃げる途中にカバンにつめた爆薬をほうり出して爆発したといわれ、これは文句なしに民衆をまきぞえにしたものである。

おそらくこの工作員は組織できびしく査問されたと想像されるが、こうした場合について、ある解放戦線に近いと思われる筋はこう説明していた。

「戦車も飛行機もない解放戦線にとっては、テロもまた重要な戦闘のひとつの形態です。犠牲者にはまことにすまないが、戦争である以上やむをえないのです。サイゴン市内だって立派に戦場なのですから。

それに米軍の爆撃や砲撃が民衆をまきぞえにしている数と比較すると、テロによる犠牲者の数は二けたも三けたもちがうでしょう」

この論理を納得するかどうかはその人の自由である。だが私自身の実感からすると、テロは意外に少ないと思う。本気にやろうと思えば、それも決死隊方式でやれば、もっといくらでも重要施設を爆破できると素人眼にも思われたが、この点については、

①テロという戦術は重要な戦闘形態ではあっても、戦場での攻勢や政治行為と有機的に連繋して行なわれないとその効果は薄い。

発電所や浄水場などはいつでもやれる準備はできているが、それは全体の戦局との関係を考えて決定的な時点に実行する。

②あまりテロを頻発してまきぞえがふえると、民心に対する効果はかえって逆効果になる――

という二つの理由が伝えられていた。

おそらくそうだろうと私は思っていたが、そうかといってテロの報道をひかえたことはない。目撃した限りその惨状を、私たちはつぶさに伝えたつもりである。

第八章　人民戦争の視点

米軍の戦況発表

戦線のある戦争なら、最前線の移動によって比較的容易に戦局の現状を判断できる。また中国義勇軍介入後の朝鮮戦争のように、三十八度線で戦線が固定すれば、戦局は膠着状態と判断することも難しいことではない。ところがベトナム戦争においては、何によって戦局を判断するのか——それはベトナム報道の最も困難な問題のひとつである。そこでは一応誰の眼にも明らかな戦線というものがないのだ。

従軍すればこの戦争の様相、その本質を知ることはできるだろう。だがいくら従軍して各地に散発する戦闘行動を眼のあたりに見てまわっても、全体の戦況をつかむことはまず難しい。戦局の判断はむしろ中心のサイゴンにいる方が好都合かもしれない。

というのは、MACVでは、一年三百六十五日一日の休みもなく、午後五時からミリタリー・ブリーフィング（軍事説明会見）を行なって、前日午前からその日の午前まで、二十四時間の全国の戦闘を、細大もらさずプリントにした発表文を配り、そのうえプリント作成後、つまりその日午後の主な戦闘も、大佐級のスポークスマンが口答で発表する。しかも水曜日には一週間のまとめが、中隊規模以下の戦闘、大隊規模以上の戦闘、ベトコン側の攻撃、米軍・政府軍からの攻撃、双方の戦死、戦傷、捕虜、行方不明、捕獲兵器、奪われた兵器などの数字が実にくわしくきれいに集計、分析されて配布される。

したがって、このミリタリー・ブリーフィングに毎日出席していれば、全体の戦況が見渡され、その傾向がわかるはずなのである。また毎日、国営ベトナム通信社が出している「ニュース・ビュルティン」にも、政府軍国防省の戦況発表が出ている。さらに私のいた当時は、主な作戦があると、その作戦を実際に担当した指揮官クラスの将校が、ブリーフィングに出席して、地図を示しながらくわしく戦闘の経過を公表することも度々あった。

こうしたプリント、口答の発表に対して、記者団は自由に質問することができる。そのやりとりの過程でいろいろ興味ある事柄が出てくることもある。

たとえば、六五年三月末、米軍はサイゴン北方の解放戦線拠点とみられている広大な森林地帯に、三十機の大型輸送機にガソリンをつみこんで空からばらまき、そのあとに新型高性能爆弾を落として実に二百平方キロの森林全体を火の海にしたことがある。発表では、これで解放戦線一個連隊がバーベキューになったものとされた。火のしずまるのを待って地上から強力な部隊が森林の奥深くに進入した。「さて一個連隊分の焼死体がありましたかね」と記者が質問する。スポークスマンの大佐は返答しない。「なかったんですか」と記者は意地悪くくい下がる。下を向いてもじもじしていた大佐はやっと顔をあげて「実はにおいだけはあった」と答え、百人以上の特派員たちが一同失笑するというようなことがあった。

また北爆の初期に、米軍の最精鋭ファントム戦闘爆撃機が、海南島沖合で中国軍の旧式ミグ戦闘機と交戦したことがあった。このときはいつもの大佐のスポークスマンではなく、目つきの鋭い少将の空軍司令官が特別ブリーフィングで発表したのだが、一体どっちが撃墜されたのかよくわからない。司令官は何かひどくいらいらした様子で、ただでさえよく英語のききとれない私などは、さっぱりわからなかった。そのうち米人記者たちが怒り出した。「落としたのか、落とされたのか、どっちなんだ」と口々にどなりだした。それでしぶしぶ司令官は「落ちた」ことを認めたが、「落とされた」とはいわなかった。そして、「実は、味方の発射したサイドワインダー・空対空ミサイルが僚機に当たったらしい」ことをやっと話し「くわしい事情は目下調査中なので書かないでくれ」と頼んだ。

記者たちははっきりいった。「書かないでくれとはっきりいえば書きませんがね。初めからごまかそうとするのはよくないですよ」

こういう点、米人記者たちの軍人に対する態度は、実に勇敢で見ていて気持よかった。あるいは別の将軍が特別出席して「この頃はやっと勝ちはじめた。いや大いに勝っている」と得意になって豪語した。すかさず記者の質問がとぶ。「では政府支配地域は何％拡大したのですかね」とたんに将軍は不快そうな顔をして横を向いて黙ってしまう。

怪しい数字

だが、こうして毎日のミリタリー・ブリーフィングに出てプリントを丹念に読み、週間報告を分析し、記者団とのやりとりを熱心に聞いて、戦局の動向をつかめるかというと、私はむしろ懐疑的である。もちろん米軍がいつどこで大作戦を行なったか、という事実だけはわかる。だがその作戦が成功したのかどうか、またその作戦が全体の戦況にどういう影響を及ぼしたのかは、正確にはわからない。

とくに政府軍の発表についてはそうだ。

着任して間もなく、アメリカとサイゴン政権に友好的な国の大使館付き武官が、私にこう忠告してくれたことがある。「戦況発表をみるとき、とくに政府軍のものは、何人殺し何人殺されたかという兵員の数をみてはいけません。比較的に正確なのは捕獲した兵器あるいは奪われた兵器の数です。兵器の数でその戦闘の勝敗を判断することです」

そのときはどうしてそうなのかよくわからなかったが、あとになってサイゴンでは公然の秘密として聞き知ったことは、こうだった。

「それは当然ですよ。なぜって、政府軍の指揮官たちにとって、たとえば五百人の大隊が二百人やられたとしますね。これを百人しかやられないとして報告する。翌月から大隊の給料は四百人分くる。百人分は指揮官のポッポに入るわけですよ。こうした給料だけは受けとってる幽霊兵隊が少なくとも何万はいますね。政府軍総勢五十万といいますが、実数は三十万ぐらいという説もありますよ」

「では兵器の方はどうして正確なのです」

「兵器の方はすぐに補充してもらわないと実際に困るし、兵器に給料は出せませんからね」

そういうわけでわれわれは、政府軍側の戦況発表はまず信用しなかった。では米軍発表の数字は、その集計と分析の仕方の精密さのとおりに正確だろうか。たとえば、必ず使われる言葉にキル・レーショ（殺りく比）というのがある。双方の戦死者の比率であって、これが昨年までは二対一だったのが四対一になった、つまり約二倍優勢になったという風に使われるのだが、その比率の基礎にある戦死者数、特に解放戦線側戦死者数はどこまで正確なのか。

実際に最前線に従軍した記者、カメラマンたちはひとしくこの数字に懐疑的である。その理由の第一は、ベトコンと農民を正確に区別することは不可能に近い点にある。

一九六五年秋頃、北ベトナム軍の南下が本格化してからは、北ベトナム軍は階級章をつけた制服を着用して正規の部隊編成でまとまって行動しているといわれるが、解放戦線の方は、上野弘氏の話では政治委員らしい幹部はカーキー色の制服めいたきちんとした服装をしていたが、一般兵士は黒い薄地のパジャマ風農民服に小銃をもち、手榴弾とバナナの葉に包んだオニギリ弁当を腰にぶら下げている。小銃と手榴弾さえなければ一般農民とほとんど区別できず、砲弾や爆弾に吹きとばされでもした場合にはまず絶対に区別できない。しかも一見信じがたいような話だが、事実解放地区の部落、陣地の下は必ず網の目のようなトンネルがほりめぐらされていて、強力な米軍がくれば直ちに戦闘員はこのトンネルにもぐって逃げる。実際にトンネルの中に入ってきた上野氏の話だと、トンネルは腰をかがめて通れるほどの大きさだが、入口は必ずといっていいほどわからぬように偽装されている。中に入っても落とし穴やわなをつくった行き止まりの迷路がつくってあり、その長さは数キロなどというなま易しいものではなく、まさにどこまでつづくのか見当もつかないという。

そのようにトンネルのつくれるのも、南ベトナムの土が粘土質でシャベル一ちょうで比較的簡単に掘ることができる、しかも掘ったあとは固くかたまって普通の爆弾程度では決して崩れないからである。そのため部落に残っているのは農民たちだけということになり、その農民の死体が〝戦果〟として報告されることになる。

また注意深く包囲したつもりでも、解放戦線ゲリラが忍術使いのように消えてしまっているもう一つの事情は、その情報網にある。解放戦線の情報網は、まさに地下のトンネル網と同じように、南ベトナム全土の地表に張りめぐらされていて、政府支配地区とされている場所にも、必ず連絡員がいる。政府のあらゆる機関から政府軍のかなり上層部まで、秘密情報員がいるといわれている。そのため政府軍側の作戦は、まず事前に洩れている可能性がかなりあり、さらに移動の途中で目撃した連絡員が通報し、ほとんどの場合、ゲリラ側は応戦の体制ないし逃亡しているといわれる。

このため一九六五年後半から米軍は、重要な作戦の場合は政府軍首脳部と作戦の事前協議を行なわず、作戦開始とともに通知するようになったと外電は伝えている。しかしこうしてまきぞえになった農民の死体が、ベトコンの死体とされ「ベトコン七十三人を殺した」という数字になって出てくる。

第二に、これは過去二年間ほとんど政府軍、米軍に従軍してまわりつづけている石川文洋氏から最近直接聞いた話だが、米軍の発表のいう「ボディ・カウント」（遺棄死体数）なる数字も、実際の最前線ではひとつひとつ死体を数えて歩くなどという面倒なことはしないのが普通で「大体このくらいだろう」といった数字が各最前線から司令部に報告されて集計される。とくにジャングルや山岳地帯の奥などで散乱する死体を集めることはできないし、爆撃や砲撃でばらばらになった手脚や肉片を何人分と計算するのは事実上不可能という。

そういう風に各前線部隊ごとに推定した数字がサイゴンに集まると、その誤差の総計はかなりの数に達する。正式に発表されるときはそれが実に正確そのものの如くきれいな形で出てくるわけだ。

反対に米軍側の損害については「軽微」「中程度」「多大」の三種類しか発表されない。このうち「軽微」は戦闘参加兵員数の一五％以内の死傷、「中程度」は一五〜四〇％、「多大」は四〇％以上の死傷者を出して、部隊としての戦闘能力を失った場合に使われることになっているが、外電もしばしば指摘しているとおり、この「戦闘参加兵員数の」というところに、微妙な問題がある。というのは、たとえば一個大隊一千人の米軍が一つの作戦に出動したとする。そのとき先頭を進んでいた一個中隊三百が解放戦線軍の待ち伏せにあってたちまち半数の百五十人の死傷者を出した。この中隊としてはまさに壊滅的打撃を受けたわけだが、この場合の計算は大隊全員一千人のうち百五十人の損害となり、発表は単に「軽微」となる。

したがって「中程度」の損害と発表されたときなどは、実際に交戦した部隊だけをとれば、かなり「多大」の損害を受けていることが多いわけである。

こういうわけで、米軍司令部が集計し、プリントして発表する整然たる戦況報告は、解放戦線側の死体数についてはかなり水ましされ、米軍側の損害程度については弱められているということが少なくないと考えねばならない。

では解放戦線側の発表する戦果はどうかといえば、これは一ヵ月間に米侵略軍何万を「壊滅」、戦車何十台、ヘリコプター何十機を「撃破」という調子で、戦死、負傷、捕虜の区別があいまいであり、また「撃破」という言葉もどの程度の損害を与えたのか不明確なうえに、自軍の損害については一切触れていない。

純粋に軍事的な面だけに限ってみても、このようにベトナム戦争の戦況を判断する基礎資料というのは、すこぶるあいまいであり、作為的である。もちろん旧大本営発表ほどではないとしても、あらゆる戦争において軍当局の発表する数字は作為的であろうが、ベトナム戦争のような人民戦争においては、兵士と民衆の死体の区別がつかないという意味において、作為を越えた一種不可避的な不明確さが必ず伴なう。したがって、公表される数字だけから戦況を判断するということは、ベトナム戦争においてきわめて危険であり、無意味でさえあることがある。

無意味というのは、正規軍同士の通常型戦争においては、相手の正規軍の数を減らすことが戦線の前進とともに、勝敗の決定的要素であるのに対して、民衆のすべてが女子供までも潜在的ゲリラ兵士である人民戦争にあっては、兵員の殺傷だけでは必ずしも致命的打撃とはいえないからである。

いわゆるプロの軍事評論家たちが、米軍発表の数字ないし短期間招待されて聞かされる米軍幹部の言明だけから、戦況を云々している文章を時折みかけるが、それはあまりに素朴すぎるというものか、そうでなければあらかじめ頭の中にある一定の結論に格好をつけるために、都合のいい数字を利用しているというべきであろう。少なくとも私はそう感ずる。

民心把握の困難

いわゆる日本の現在の軍事評論家といわれる人たちの書いたもので、私のようにベトナム情勢を多少とも専門に追っている者に参考になるものはきわめてまれだが、たとえば小山内宏氏の「ベトナム戦争論」（『軍事研究』一九六六年六月号）から私は非常に教えられるところが多かったのは、氏がベトナム戦争を正しく人民戦争の視点において捉えているからである。この人民戦争（ゲリラ戦）と反人民戦争（反ゲリラ戦）との対決という視点をぬきにして、ベトナム戦争の戦況を判断することは、少なくとも私たちのように現地感覚を身につけている専門筋を納得させることはできない。

ベトナム戦争から民衆という要素を捨象することは、絶対にできない。これは何も私の意見ではなく、アメリカの政、軍首脳自身しばしば強調している点であって、米要人のサイゴン訪問や、逆にサイゴン政権が出かけていってのホノルル会談のさい、必ず「民生向上」「平定計画」ということが強調されねばならないのもそのためである。

だが民衆の支持ないし民心の動向というものは、死体や捕獲兵器の数のように明快な数字としては表現できない、というところに、ベトナム戦況を判断する最も困難な要素があるわけだ。この要素の判定は、実に難しい。とりわけベトナム人という民族は、これまで幾度も指摘してきたとおり、実に心理的に屈折率の大きい複雑な民族である。私たちはそのおそるべき複雑さを多少とも知っているが故に、いわゆる東京の軍事評論家やワシントンの要人たちのような単純な判断はかえってできないのである。

たとえば一九六六年九月までに、百三十万の農民が難民になって政府支配地区に流出してきたと公表されている。そうした難民流出をたとえばタイム誌は農民が解放戦線を見捨てた証拠として書きたてていたが、同じアメリカの雑誌のUSニューズ・アンド・ワールド・リポート誌には、政府側の難民キャンプでアメリカのメリケン粉とミルクを支給されて生活しているある老人が、解放区の故郷の村の息子に「おれはどうにか身体だけは安全に食っている。お前は安心して米侵略者どもと戦え」と手紙で書き送っているという記事がでていた。

最近でいえば、サイゴン軍事政権の政治的勝利と大々的に宣伝された制憲議会選挙(一九六六年九月十一日)の投票率八〇・八%という数字も、きわめて怪しい。

某新聞夕刊のコラム欄でこの数字をそのまま日本などの総選挙の投票率とくらべているのを

みて驚いたが、この八〇・八%という数字は、ベトナム人の八割がサイゴン政権を支持したということでは絶対にない。

第一に、五百八十三万という登録有権者数は、あらかじめ解放区の有権者百五十万以上を除外したものである。

つまり米、サイゴン政府筋がしばしば公式、非公式に認めているようにベトナム全人口の二〇%余をのけた人数である。

第二に、したがって登録有権者の八〇%が投票したということは、南ベトナム民衆全体からみれば、八〇%の八〇%つまり約六四%の投票率ということになる。

第三に、政府発表の投票率八〇・八%という数字をそのまま信ずるものは世界中に一人もいない。米政府スポークスマンでさえ「ごま化しとはいえないが、疑問がないわけではない」と認めた。一〇%の水増しといえばむしろひかえ目な推定であろうが、一〇%をさし引くと五四%に減少する。

第四に、政府は無効投票は「ゴ政権時代の制憲議会選挙のときの無効投票一五%より少ない」としか発表せず、正確な無効投票の公表を避けている。これもごくひかえ目に一〇%の無効投票があったと推定すれば、五四%からさらに一〇%を引いて四四%となる。

したがってこのようにごくひかえ目に計算しても、サイゴン政権の直接間接の圧迫下に制憲議会選挙に協力したものは、南ベトナム全人口の五〇%を割ることになり、「南ベトナム民衆の八割がキ政権とアメリカを支持した」ということは、見えすいたゴマ化し以外の何ものでもないことになる。ところがしきりに繰り返されているうちに、この「八〇・八％」という数字が、魔力めいた効果を発揮して通用するようになる。民心の把握ということが不可能に近く、困難なだけにそれを「八〇・八％」といかにも簡明にもっともらしく数字化すると、意外なほど多くの人がだまされてしまうし、それを承知で特定の人たちはこの〝数字の魔力〟を十二分に利用する。

さらに単純化された一見明瞭そうな数字の魔術の例をあげると、制憲議会選挙前後、サイゴンやワシントンから、政府支配地区住民五〇％余、中間地区住民二五％、解放地区住民二〇％余という数字がしきりに伝えられた。一見いかにも現在の南ベトナムの勢力関係を要約しているようにみえるが、たとえこの数字をそのまま認めるとしても、南ベトナム総人口（約千五百万）の一割以上がチョロンを含めたサイゴン市に集中しており、フエ、ダナン、ニャチャン、カントといった主要都市の人口がかなりの数を占めているのである。農村地帯だけをみると、政府側の非公式に出している数字でも、全国約一万の村のうち政府側のおさえているのは四千にすぎないとされ、農村人口の六〇％が解放区側ということになる。

米軍のあいつぐ猛爆と焦土作戦にかかわらず、ゲリラを泳がせている農民という水は、六割にのぼっているわけだ。まだゲリラという魚は、当分干上がりそうにもないとみるべきであろう。農民という水がある限り、ゲリラは自由に全土を泳ぎ潜り、活動することができる。たとえ北ベトナムからの南下部隊が、ゲリラ形態ではなく、正規軍編成の部隊行動の形態をとっていても、食料補給、武器弾薬運搬、情報入手の面で、六割の農民の協力を得られるわけである。

さらに政府支配地区住民といっても、その政府支持の心理の質はどうであろうか。絶対に近いほど反解放戦線、徹底抗戦の立場にこり固まって、そのためにはどんな手段、残酷な方法、植民地的な援助をも辞さないと一応いえるのは、北から逃げてきたカトリックたちであろう。これが約百万に近い。サイゴン郊外にも彼らの難民部落があり、黒シャツをきた狂信的な目つきの貧しい人たちが、時に応じ、指令と金に応じて、はげしい組織的なデモを行なう。

政府軍の治安、情報関係などの重要部署には、このグループの出身者がきわめて多い。だが、同じカトリックでも、元から南に住んでいる約百万の人たちは、それほど狂信的ではなく、ローマ法王の和平呼びかけ以来、この派の中にはかなり理性的に動く人たちもいる。

狂気の将軍

次に徹底抗戦派は、グエン・カオ・キ首相のような北ベトナム出身の職業軍人である。その軍部内における勢力がどの位かは、正確に判定しがたいが、キ首相が首相になっても空軍司令官の地位は決して手放さず、空軍をにぎっていることは、軍内部の権力争いでは、きわめて強力だからである。私たちは、いろんな筋から入ってくる情報の他に、飛行機の飛び方で、サイゴンの政情安定度をはかっていた。空軍機がサイゴン市上空を低空でとびまわるときは、不安定の兆しがみえはじめた証拠である。もし政府空軍機が、翼下にロケット弾を並べ、小型爆弾を吊って完全武装で繰り返し特定地域の上を屋根をかすめるように飛ぶときには、ほぼ確実にクーデターである。そしてたとえば南部デルタ地帯の入口にいるカトリック系第七師団や、サイゴン北の郊外の機甲連隊などが戦車を先頭にいかに夜半隠密裏に行動を起こしても、空軍機に曳光弾を落とされてロケット弾の脅迫を受ければ、進撃を停止せざるをえない。それに生粋のパイロット気質の向うみずなキ将軍は、どんなことでもやりかねない。

私はビエンホア空軍基地に行ったとき、キ将軍が記者たちを集めて真顔で「今度クーデターでも起こす奴がいたら、サイゴン市でも爆撃する。諸君がもし今度クーデター勃発の情報をつかんだら、すぐに市外に避難するよう忠告する」というのを直接聞いたが、その顔をみながら私は、「こいつなら本当にやりかねない」と感じた。

だから、たとえシェスタで昼寝していても、飛行機の低空飛行の音をきくと、必ずベランダに出て空を眺め、必要なところに電話で「異常ないか」と聞きまわらねばならなかった。サイゴンを離れて一年以上たつ現在でも、低空飛行の爆音をきくと、ぞっと暗いいやな気分に襲われる。

一九六六年春の二度にわたるダナン進攻のときも、まさか政府軍同士の内戦にまで発展することはないだろう、そういう無謀なことをやるはずはあるまい、という人が多かった。しかし私はボクサーとか自動車のレーサーなど、生命がけで向う見ずなことを平気でやり、しかもその異常な行動の中に快感さえ覚えるらしい眼と同じ眼、キ将軍の憑かれたような鋭く光るマニヤックな眼を思い出しながら、「必ずやる」と判断した。アメリカも、彼のそうした異常性格を承知のうえで、現在のところはその向うみずな強引さを存分に利用しているというところであろう。

この他に注目すべきグループは、統一仏教会内の北ベトナム出身の僧たちである。

タム・チャウ化導院長、その子分のホ・ジャク師、従軍僧監のタム・ジャク師らの反共派がそれで、一九六五年一月の反チャン・バン・フォン政権運動のさいは、チ・クアン僧統院書記長、ファプ・チ化導院副院長、チェン・ミン青年部長、平和運動を指導して一時国外追放になったクアン・リエン師など、南ベトナム出身の反戦的な一派と提携したが、平和運動の頃から両派の間には明らかにミゾができ、六六年春から夏にかけての反軍政・反米運動の過程では、はっきりと対立状態となった。表面は「戦争による民衆の苦悩を救わねばならぬ」という言い方をするが、この難民僧たちは、ある意味では最も陰険な抗戦派ということもできる。

こうした北ベトナムを逃げ出してきた難民派は、カトリック、仏教徒、軍人を問わず、その考え方に硬軟の程度の差はあっても、基本的に反共、反解放戦線、反和平交渉であり、親米抗戦派である。

しかしそれ以外の南ベトナム出身の人たちとなると、たとえば、大越《ベト》党、国民党など長い歴史のある右翼民族主義政党も、いまでは親米反共派、反米反共派、日和見派と四分五裂状態で、その真意は測りがたい。中国系ベトナム人は表向きは国府系で反共だが、徴兵されて戦場に行って行方不明となり、家族は死んだものと諦めて黒枠の写真を飾り、線香をあげているところに、どこを通ってきたのか中国本土から「脱出に成功した、無事だ」という手紙がとどいて家族が驚いたという話が、私が使っていた助手の家の近所にあり、また精米業をこの中国系の人たちが一手ににぎっているところから、解放区農民、解放戦線とも、交渉のある者も少なくない。国籍はベトナム籍に編入されていても、中国人の誇りからサイゴン政権の戦争努力には見事なほど軽蔑に近い無関心ぶりで、その徹底した非協力ぶりは、間接的には逆に、解放戦線への協力ぶりともとれかねないところがある。商店主、ゴム園、バナナ園の持ち主たちとなると、サイゴン政府と解放戦線の双方に税金を払っているのは常識である。サイゴンで徒食している不在地主たちは、解放戦線の農地解放政策を憎悪しており、またアメリカの援助体制に寄生している貿易業者たちは当然、反共派である。

さらに一般民衆、要するに都市貧民や農民、兵士たちとなると、正確なところその心理はつかみどころがないというべきであろうが、日々の生活と安全のためには、政府支配地区にとどまり、また難民となって政府側に流れこんでくるものの、援助体制に寄生し、戦争でもうけている特権層に対する憤り、墳墓の地を去らねばならなかった戦争への憎しみ、外国軍隊への反感などは、本人たちが意識するより強く深く彼らの暗い心の底にしみついているようにもみえる。

表面だけの言動で、決して彼らの真意ははかりがたく、ベトナム人という民族は心中の憎しみをかくしたまま、十年でも二十年でも同じ強さで持続できる、実に執念深い民族であることを考えると、選挙の投票率、政府支配地区人口などの数字はほとんどフィクションに近いともいえる。

下からの視点

米軍は最初、テイラー将軍得意の、核には核をもって、通常戦争には通常戦争で、ゲリラ戦にはゲリラ戦で、という柔軟対応戦略にもとづく対ゲリラ戦術をとり、そのために中米のジャングルなどを利用して、特別に猛訓練を施したスペシャル・フォース（特殊部隊）隊員を、十二人一チームにして各地に配置し、ふんだんに金もばらまきながら忍者的な対ゲリラ工作を行なった。緑色のベレー帽をかぶった彼らは、一種のスーパーマン的エリートとして尊敬され、おそれられながら、サイゴンの町を肩で風を切って歩いていたものだが、所詮白人の外国人がゲリラ工作をやれるはずはなく完全な失敗に終わった。

一九六五年夏のテイラー大使の辞任は、このスペシャル・フォース戦略の破綻を象徴するものとみるべきであろう。

これにつづいて、米地上軍の大量投入開始とともに、米軍は解放戦線主力軍をジャングル深く追跡して叩く「サーチ・アンド・デストロイ（索敵撃滅）」戦略をとった。

サイゴン北方のいわゆるDゾーン、Cゾーン地区や中部海岸沿いの各地で六五年夏から秋にかけて行なわれた幾つもの作戦がそれだが、それもほとんど解放軍主力を捕捉できず、カラ振りばかりが多かった。もちろんこの作戦がグアム島からのB52の爆撃とあいまって解放戦線主力軍の攻撃を牽制し、あるいはその根拠地の幾つかをつぶした効果はあった。だが一方、この方式は戦争を完全にアメリカの戦争に変え、春にサイゴン左派の知識人たちがおそれたように、公然たる北ベトナム軍の南下を招いた。

そこで一九六五年末から六六年になって、ついに米軍が踏み切ったのは、最初の米軍の勝利と喧伝された八月のチュライ半島バンツォン村に対する海兵隊の上陸奇襲作戦で示された「スポイル（焦土）」作戦方式である。これはすでに私の帰国したあとの時期で、私は自分の眼でその実情を取材できなかったが、最近一時帰国した石川カメラマンからかなりくわしくその模様をきくことができた。

一部米人特派員たちの報道からもその一端は想像していたが、直接石川氏から聞いた体験見聞談によると、米軍の最近の解放地区破壊作戦のやり方は、想像を絶するものがあるようだ。もはや解放戦線の軍隊を捕捉撃滅するのでも、その軍事根拠地を破壊するのでもなく、軍隊と農民を区別することなく、解放村を包囲するとまず砲爆撃で村中を火の海にしてしまう。それから、焼け跡に入って行って婦女子を駆り出し、コメを焼き払うという徹底した戦術である。これを米軍当局は「点と線から面に拡大する」新作戦といっているが、いわば現在の兵力量では長期間確保することのできない「面」を事実上消してしまう作戦といえる。

たしかに最近、米軍当局者がしきりに呼号するように、これは米軍の火力と物量と機動力による物理的には〝勝利〟であろう。だが産経の清水特派員は、バンツォン戦の直後にサイゴン政府側のあるベトナム人が、こういったと伝えていた。

「われわれ政府軍だって、ああいうようにやるのなら、とっくにベトコンを消滅できていたかもしれない。ただ同じベトナム人としてわれわれはあそこまでやれなかっただけだ」

この清水特派員電は、米軍本格介入後のベトナム戦争の変質と、それに対するベトナム人の反応を適確に捉えた出色の記事であった。ベトナム人記者は検閲で書けないだろうし、米人特派員はこういう視角からこのように深く捉えることはできないだろうという意味で、まさに日本人特派員でなければ書けない記事だと私は感心した。

それというのも、フランス語が達者でしかも庶民的な清水記者が、日頃からベトナムの各層の人たちと親しく話し合いつき合って、ベトナム人の次元から情勢を見る眼を身につけていたからであろう。人民戦争としてのベトナム戦争の戦局を捉えるには、この民衆的視点を決して逸脱してはならないのだ。

米軍のブリーフィングにだけ出て、米軍発表の数字と米軍スポークスマンの説明だけを聞いていると、いつの間にか米軍の視点から、つまりB52の高度から戦局を眺め下ろす姿勢になってしまう。それで米軍の大規模作戦があいついで続くと「戦局の主導権はついに米軍が握った」とか「解放戦線はもはや大部隊行動が不可能になり、再び小規模ゲリラ活動に戻るだろう」といったキメのあらい単純な図式的記事を書くようになる。それは、前線基地で米軍兵士たちの話を聞いて「戦争はいかに怖るべき悲惨なものであるか」といった素朴な人道的感情論を書くのと、方向は正反対にみえながら同質なのと同じである。この両者ともに、最も重要なリアリティーが脱け落ちている。

もちろん私は米軍の圧倒的な物理的戦力を、軽視すべきだといっているのではない。またその非人間的な物量の行使に、道徳的批判だけを加えればよいともいっているのではない。米軍の物理的な力とベトナム民衆の心理的な反作用との間の、微妙で複雑な関係を解明する困難を、決して回避してはならず、少しでもその困難な問題に光をあてる主体的努力を試みるべきだといっているのである。

元来、前任者というものは後任者の仕事に対して、評価がきびしすぎるものだが、われわれ二代目特派員からみると、ベトナム戦争がほとんど米軍の戦争に様相を変えてから赴任してきた、三代目特派員たちの情勢判断に対して、概して満足できないものがある。というのは一九六五年半ばに、キ軍事政権が成立してから半年余の間、サイゴンの政情は比較的安定し、われわれの頃のように毎週末毎にクーデターの情報に緊張しては、デモのあとを追いかけまわすようなことはなかった。われわれのように、民心の動向と大衆運動のエネルギーを、つねに重視しなければならなかった時期と、表面上の事態が変わってきていただけに、彼ら三代目特派員たちは、情勢判断が米軍の観点に即して〝上から〟眺める傾向が強すぎるようにみえるからである。

もちろん彼らにいわせると、われわれ二代目特派員は、いわば大衆運動とクーデター陰謀の全盛期の印象に捉われすぎて〝下と裏から〟ばかり見すぎると批判するかもしれない。たしかに私は米軍最精鋭の第一空輸機動師団が四百数十機の大型ヘリコプターで兵員と弾薬、大砲までも直ちに急派して戦力を集中するという新しい戦い方を、この眼で見ていない。私たちの知っている米兵は、軍事顧問という資格で、政府軍部隊に数名ずつ分散配属されて、日頃から政府軍兵士たちに接し、政府軍とともに農民の反応も直接に感じとっていた将校たちだったが、彼らはわれわれの予想以上にベトナムの底辺の現実を知っていた。反共十字軍精神を臆面もなくふりまわす者は少なく、民衆はどうして自分たちを白い眼でしかみないのか、という疑問――それは生命を賭けての自分たちの努力のむなしさの実感だが、それを実に卒直に私たちに語った。

だが一九六五年夏頃から、米軍だけの部隊として基地でもベトナム民衆から離れて暮し、出動しても、対外国人の仮面をつけたベトナム民衆にしか接しない新しい正式の米兵たちの意識は、それまでの軍事顧問的米軍人たちとはかなりちがっているようだ。そうした新しい米兵の意識、新しい米軍の戦い方についての認識は、私たちは不十分かもしれない。しかし私たちはこの戦争が、米軍が強引に通常戦争型にねじ曲げようとしているにもかかわらず、本質的に人民戦争であるということ、またベトナム人というのは実に誇り高く、執念深い民族であることを、身に徹して理解してきたつもりだ。

たとえナパーム弾はジャングルを焼きつくすことはできても、ベトナム人たちの心を焼きつくすことはできないのだ、と私たちはみる。

だから一九六六年三月から、再び仏教徒を先頭に反政府デモが、反米・反戦の色彩を帯びて再発したとき、少なくとも私はそれを戦局と切りはなした別の現象とは考えなかった。おそらく一年余前の、仏教徒の反政府運動の成功の記憶が、強く生きすぎていたであろうし、またチ・クアン師ら統一仏教会急進派が、解放戦線と無関係ではないという秘密情報を、私があの情報機関員から吹きこまれすぎていたこともあるだろう。だがこの政治的形態の戦いもまた、ベトナム戦争の重要なひとつの戦いであり、形を変えた戦闘であるという認識に誤まりはないといまも私は信じている。

この運動はキ首相の強引な弾圧の前に押さえこまれた形になったが、アメリカの力をバックにキ首相が、中部諸都市の反政府派、サイゴンの仏教徒急進派と貧しい庶民たちに加えた圧力は、必ず遠からず何らかの形の反作用をひき起こすだろう。キ政権が鬼の首でもとったように振りまわしている制憲議会選挙の投票率、八〇・八%という数字は、決して政府地区民衆の過半数が心からキ政権とアメリカを〝信任〟したことを意味してはいない。民衆の心の中にはもやもやとうっ屈する暗いものが底流しているはずである。それはマクナマラの電子計算機に明確にプログラミングできるような形では決して現われないが、東京から眺めていてさえ無理とみえるような強引な力の圧迫は、必ずベトナム人たちの心に屈辱の深い傷を残しているはずであり、米軍の焦土作戦の物理的成功も、同じような心理的傷痕を残しつつあるとみなければならない。
そうした要素——必ずしもいわゆる客観的な形で取り出し、証明してみせることはできないが、ベトナム民衆の位置から情勢全体を眺める体験をもった者なら、必ず重く感じとっているにちがいないその要素を捨象して、戦局を純軍事的にだけ判断することは、決定的な誤まりをおかす公算がきわめて大きい。

執念の戦い

最初に書いたとおり、私は意識的に自分を空白状態にしてベトナムに行った。〝人民戦争〟という東京から持参の眼鏡をかけて、ベトナム戦争を眺めたのではなかった。私は肉眼で戦争をみた。そしてそれが従来私たちが知っていた戦争とはあまりにちがうことを、少しずつ実感し理解した。そしてゲリラ戦について、人民解放戦争について多少とも勉強したのは帰国してからである。

ボー・グェン・ザップの『人民の戦争・人民の軍隊』を再読、三読した。一見共産主義者特有の決まり文句が並んでいるようにみえる、その文章の裏にあるもの、行間にあるものが、私は実になまなましく実感できた。たとえば「われわれベトナムは遅れて貧しく国土も小さい弱小民族である」ということをザップは、その人民戦争論の発想の根底にしているが、この徹底的な、ほとんど自虐的とみるほどの弱さの自覚も、私は痩せて小さく貧しい実際のベトナム民衆の姿を眼前に思い浮かべるとき、きわめて自然に共感できた。また同時に、その貧相な外見の内側にかくされた、一匹の黒ネコのような強靭な執念を多少とも私は知ることができたから、絶対に有利な状況以外に出撃してはならない、焦らずに時期を待て、一見格好のよいヒロイズムこそゲリラ戦では最も危険な誘惑である。民衆に対する地道な粘りづよい工作こそ人民戦争の基本である——といった一連の発想をも私は理解できた。

ジャングルと、トンネルを掘り易い土質という面を除けば、狭小なベトナムの国土は必ずしもゲリラ戦に好適な条件とはいえまい。だがベトナム人という民族は、まさにゲリラ戦向きだと私は思う。桜の花のようにぱっと咲いて散る〝いさぎよさ〟を美しいと感覚する日本人。容易に人を信じ、だまされたとなるとカッとなって前後の計算なくエネルギーを爆発させがちな朝鮮人とくらべると、同じ中国文明圏のアジア人といっても、ベトナム人の心的傾向は特異である。

ジャングルの中を縫って堅い山肌があれば迂回し、林にぶつかれば両側にわかれ、柔く低い部分を根気よくさがし出しては、文字通りヘビのように幾重にも蛇行し、屈折し、後退し、分岐しながらも、結局はいつか海に注ぎこむあのベトナムの川の流れ方が、いかに〝ベトナム的〟であるかを、六ヵ月のベトナム滞在を終えて、帰国する途中の飛行機であらためて強く感じた。アメリカもよくよく悪い相手にぶつかったものだ。大きな鉄棒を思いきり振りまわす頭の多少単純な大男と、ネコのように執念深くヘビのようにしぶとい海千山千の性悪女のけんかのように、私はベトナム戦争が感じられる、といえば、あまりに単純にイメージ化しすぎるともいえようか。

だが、そういう非論理的な形でしか表現できない要素が、ベトナム戦争では大きな比重を占めるのだということは、何度強調してもしすぎることはない。

「一体どっちが勝っているのですか」

という質問を、多くの人が提出する。単純明快な解答を期待しているようだが、そのたびに私はこう答え返す。

「日中戦争は一体どっちが勝ちましたか。日米戦争は日本が明瞭に負けた。だが中国で日本軍は負けましたか。えっ、決して負けなかったとおっしゃるのですね。よろしい。では勝ちましたか。中国側からいえば、日本侵入軍を全滅したわけでも、日本本土に攻め入ったわけでもないから勝ったとはいえないとしても、臨時首都重慶は残ったし、延安も残ったし、日本軍の占領する点と線の間の面には、多くの解放区ができ、大多数の中国民衆は表面は日本の軍人たちに頭を下げても、腹の中では決して民族の誇りを捨てはしなかった。その意味では負けはしなかったのです。どっちが勝っているかという問い方のあてはまる戦争があり、そういう単純な問い方そのものが無意味な戦争もある。飛行機一機、戦車一台もなく、火器も八十一ミリ迫撃砲が最大というゲリラたちが、最新最強の物量を惜し気もなく投入する大国の正規軍隊を相手にするときは、負けないことが勝つことかもしれない。とにかく、存在しつづけることが重要なのではありませんか」

第九章　増大する危機の行方

ベトナムの影

四月の末から雲が多くなった。火炎樹の花の朱色がいっそう濃くなり、街路樹の緑が、ほとんど透きとおるように美しいと感じられるようになったある日の午後、急に雨台風のようなスコールがきた。ベランダにはげしくはね返る大粒の雨は、容赦なく室内にしぶきこんだ。

「世界には雨というものがあったんだな」

と、私と林記者はいつまでも、雨期の最初の雨を眺めていた。ちょうど乾期がはじまって間もなく、サイゴンにきた私たちは、ほぼ六ヵ月の間、一滴の雨にもあっていなかった。

「長かったな」

「もう何年もいたような気がするよ」

幾つもの既遂、未遂のクーデター、連日のデモ、吹きとんだ壁と屋根と、看板の破片の間に、点々と血がとび散っていた幾つものテロ現場。汗まみれで情報をきいてまわったさまざまな街。部屋の壁に張った大きな地図に赤いしるしをつけ、線と矢印を書きこみながら戦局の推移を明け方まで議論した幾つもの夜。薄暗くなるほどのはげしい雨脚の中をつらかった記憶が次々と浮かんでは消えた。

二人とも、もはやどんな突発事件にも驚ろかなくなっていた。

六ヵ月前には空白だった意識のスクリーンには、いまや将軍たち、僧侶指導者たち、カトリックと学生、政府軍と米軍の将校たち、それに、統一仏教会本部の集会でいつも出会う庶民信者たち、輪タクの運転手、喫茶店のボーイ、シナ料理屋の主人、電報局の係員などの顔と声、将軍たちの派閥関係図、新しいクーデターの情報、新しいテロ目標、現在進行中の主な作戦、解放戦線の活動の目だちはじめた地点の配置、それらのイメージが重なり合ってひしめき揺れていた。

朝、目がさめたら政府が変わっていても、夜中に市内の真中のどの重要施設が吹きとばされても、サイゴン川の対岸からいつ迫撃砲弾がぶちこまれても、あるいはひとつの軍管区全体がごっそりと寝返っても、「Everything possible in Saigonさ」と軽く肩をすくめて、すぐにタイプに紙をまきこんで、記事と解説を打つことができるように思えた。

つまらない情報を、いかにももったいぶって売りにきた小役人を「そんなことなら三日前から知っている。もっとましな情報がないのならもう二度と来るな」と私がどなりつけているのを、隣室で聞いていた林君が、あとで「相当になったもんだな」と笑いながらひやかしたが、掌に紙幣を小さく折りたたんでおいて「ボンスワール、コミッサール」などといいながら警官と握手して相手の掌にすべりこませる術も、すましてできるようになり「そのうちポン引きでもなんでもできるようになるんじゃないか」と顔を見合わせて苦笑したものだ。

だが、そうしてサイゴンの空気の中に次第にはまりこんできたということは、サイゴンそのものの、どうにもやりきれない絶望と疲労と悲しみが、全身の毛穴からしみこんでくることでもあった。何か起こっているのではないかと不安に駆られて、絶えず街をうろつきまわる必要がなくなるにつれて、私はよく中央広場の石のベンチに夜更けるまで一人で坐っていた。ベンチのうしろの芝生では戦災孤児たちが眠りこけていて、広場の一角の高級キャバレーの並びでは、明るくネオンが輝きバンドの音楽が流れていた。「煙が目にしみる」という曲の合間に郊外の砲声が重く耳にしみとおり、もう若くない半裸の輪タク運転手が疲れきってペタルを踏んで通りすぎる。

別の広場の一角には、公開銃殺のとき柱を立てるために敷石をとりはずした部分が、そのままぽっかりとうつろな穴になっていて、米石油会社の給油スタンドの明るく清潔な光もそこまではとどかない。自動小銃をかまえて警官がひとり黙然と立っているだけだ。

軍司令部の奥では、将軍たちがまた新しいクーデターの謀議を練っているのだろう。迷路のように入り組んだバラックの貧民街の路次の奥では、母親が栄養不足で乳の出ない赤ん坊が泣きつづけているだろう。フランス製煉乳はたとえ母親が一晩街角に立った金でも買えはしないのだ。

ハノイからもって逃げてきた宝石をつけて、毎晩パーティーに出かける下宿の高級官吏夫人はもうお帰りになっただろうか。米軍施設の前に立っている米軍憲兵たちの顔は、テロに対する不断の緊張と恐怖で青白くひきつっている。今夜も国境近くのどこかの政府軍特殊部隊基地には、解放軍の八十一ミリ迫撃砲がぶちこまれ、中部海岸の一号国道沿いの村は次々と米軍の一五五ミリ榴弾砲の盲うちで燃え上がっているだろう。昼となく夜となく、この土地に射ちこまれる火力と鉄片、注ぎこまれる血と戦費、あまりに叫ぶことが多すぎるために、じっと黙りつづけ坐りつづけ、歩きつづけている人々――そうしたやりきれない重いイメージが次々と自然に眼の前に浮かんでは遠ざかってゆく。夜更けても去らない熱気を含んだ夜気がねっとりと体中にまといついてきて、ひどく不条理な、無性にもの哀しい感じが、心の底にこたえる。

この濃くよどんだ空気、このどうしようもない状況、にもかかわらず夜となく昼となくつづく戦い――これがベトナムなのだ。それらの想念が脚から胸、喉の奥、心の中の夜をひたしつくして、何か自分が砲声に震える夜の中に溶けてゆくようにさえ感じられた。ベトナムそのものが体中の毛穴から私の中に滲みこんでくる。

サイゴン脱出

職業的な報道者、安全地帯の観測筋としてではなく、むしろ一人の人間として歴史の苛酷さの只中にむき出しにされる自分を、私はほとんど耐えがたくなるほど、毎夜のように感じつくした。

そしてこの無性にやりきれなく、重く悲しい気分は、ぴたりと頬をつけた窓ガラスの向うに、急速に小さく遠ざかってゆくサイゴンの街、ついで開けるジャングル地帯を帰任の旅客機の窓から眺めつづけるときも、同じように私の心をしめつけていた。歴史の動乱の只中にとびこむんだ、というような緊迫感はもうなかった。動乱は私の外部にあるのではなかった。おそらく帰ったらベトナム情勢について多くのことを書かされ、しゃべらされるだろう。

グエン・カーン将軍の名前しか知らなくて、六ヵ月前この空路を、逆に飛んだときとくらべれば、たしかに私は多くのことを、多少の自信をもって書き語ることができるだろう。しかし、それは何か外側のこと、表面のこと、あるいは血肉をとり去った骨組みだけのことだ。

この六ヵ月に、いつの間にか私が感じるようになった一番重く一番身近く、そして一番濃密なものについて、もっともらしく語ることはできないだろうし、まして東京の人たちに理解し、納得させることは通り一ぺんの仕方では不可能に近いだろう。

そしてこの気持は、帰途、沖縄に立ち寄って、港に群がる輸送船、巨大な空軍基地に並ぶ輸送機、軍用トラックの列を金網の柵越しに眺めたときも、また牛島兵団長自決の場といわれる崖のふちに立ったときも、同じように感じられた。鉄と血と歴史のまじり合った青黒く冷めたく濡れた臭いが、同じように基地とサトーキビの島を覆っていた。道行く人も、タクシーの運転手たちも、サイゴンと同じように暗くおさえつけられたような表情をしていた。

東京に帰ってしばらく私は、この都市に慣れることができなかった。レストランに入ると無意識のうちに柱のかげに坐った。地方に講演旅行に出て車が林のかげにさしかかると、何か暗いぞっとする気分が滲み出してきた。林には必ず狙撃兵がひそんでいる、という意識が、私からは去っていなかった。本社で夜勤のとき、外の街路で自動車でもパンクしたらしい音がした瞬間、私は思わず体をびくっと震わせた。それは全く無意識の反応だったのだが、横の同僚は皮肉な眼で私を見ていた。

東京へかえるときにトンキン湾を北上しながら予想したことを、やはり私は書かされ、しゃべらされたが、そのたびに「そうじゃない、そうじゃない」と私の内部の声は強く抗議した。

再会した開高健にそういうと、彼もそうなんだといった。「だからもうおれはベトナムのことは他人にしゃべるまいといつも思うのだが、いつの間にかしゃべり出していて、結局あとには何か白々しい想いだけが残るんや」と彼はどなるようにいった。

「ぼくたちは一体、何を見てきたのだろう」

「それを確かめるために、おれはこれから千枚の小説を書く」

と答えた開高氏の言葉を、私は納得することができた。千枚書くか。それとも黙るか……。

終幕の三つの形

だが現実のベトナムの情勢は、私が東京に戸惑っている間にも、どしどし進行していた。八月末、バンツォン村の海兵隊作戦を「米軍初の大勝利」「戦局好転のメドつく」といった電報がサイゴンとワシントンから続々と入り、それに呼応するかのようにそれまでは黙っていたある種の人たちが、急に「ベトナム報道は偏向している」というようなことを書いた文章が目につきはじめた。

東京タワーの展望台の望遠鏡で、東京の街を眺め下ろすように〝客観的〟にベトナムを見下し眺め渡す展望台でもあるかのように思いこんでいる人たち。私は、そんな便利な足場なんかないんだ、と幾度か反論めいた文章を書こうとしてはやめた。どうせわかりはしないだろうし、十年といわず数年のうちに、バンツォン戦闘が本当に「大勝利」だったかどうかはわかるだろう。もしそれが、これまで同じベトナム人の政府軍にはできなかったような仕方での〝勝利〟なのならば、必ずその反作用は現われるだろう、と私は心の中でひとり呟いた。

つづいて十月には、中部山岳地帯のプレイメ、イアドラン渓谷で、新着の米第一空輸機動師団と北ベトナム部隊が、本格的な陣地戦を展開し、双方が「大勝利」と発表していた。北爆は日常化し、暮にはハイフォン郊外の発電所が爆撃された。つづいてワシントンのいわゆる平和攻勢がはじまった。北爆は停止され、クリスマスと旧正月の短い休戦も実現した。人々はこうした一時的、表面的な緊張の緩和を歓迎した。

ベトナム戦争の「平和」「話し合い」「交渉」「解決」といった活字が、新聞に大きく現われない日はなかった。講演に行くと「何か解決の方法はないのですか」と質問される。新聞は「平和解決をのぞむ」社説を繰り返し掲げ、雑誌は「平和解決の条件」について特集を重ねた。世界各国の政治家たちが演説したり、会談したりするたびに、声明や決議やコミュニケの中に必ず「ベトナムの平和解決を期待する」という文句が入っていた。

まるで時候のあいさつのようなそれを見るたびに、私は内心に強い反発を感じた。「あなた方はベトナムのことを本気に考えてそういっているのか。お義理に聞こえのいい文句を口にしているだけではないのか。〝解決、解決〟というが、それがどんなに困難なことか、それを知っているのか。とにかく面倒なことは、当事者たちのことはどうあろうと早くおさまって、妙な具合でこちらにまで迷惑がかからないようにしてもらいたい、というだけではないのか」

一般に紛争の終幕は次の三つの形しかないと私は思う。

一、どちらか一方が勝つ。つまり他方は無条件降伏。

二、双方全くの互角の引き分け。つまり現状復帰。

三、いずれか一方の相対的優勢のうちに妥協。つまり一方は実質的な何かを獲得し、他方はメンツだけは立つようにする。

ベトナム戦争の「解決」をいう場合、この三つのどのケースを意味して使っているのか。まず第二の引き分け現状復帰という、朝鮮戦争やインド・パキスタン紛争型の解決はありえない。そもそも現状とは何かが、紛争点なのである。

北ベトナムおよび元ベトミン派からみれば、現状とは「二年後に南北総選挙を行なう約束の対仏停戦」である。逆にサイゴン政権とアメリカ側にいわせれば「二年後総選挙」を約束したジュネーブ協定には調印しなかったのだから、ホ・チ・ミン勢力の北ベトナムと、親米反共サイゴン政権の支配する南ベトナムの分裂状態が現状ということになる。

ジュネーブ協定は、北緯十七度線が、ベトミン軍と仏軍の再集結のための単なる境界線にすぎず、決して国境ではないことをその第一条で明記している。したがって、ハノイと南のベトミン派からみれば、たとえ北から南へベトナム人がどのように行動しようと、また武装して南下してこようと、一国による他国の〝越境侵略〟ではなく、一国内の〝移動〟にすぎない。それは他国が干渉すべき問題ではなく、とりわけジュネーブ協定に調印しなかった国が口を出すべき問題ではない。それに対してアメリカ側は、南半部から反対勢力を一掃し、十七度線をいわば三十八度線化し、朝鮮のように分裂を固定化し、その固定化を保障するために米軍を駐留させる(朝鮮の場合は、休戦後十三年たっても約五万が駐留している)。アメリカ側はこうした図式を「解決」と考えているであろう。とすれば、復帰すべき現状そのものが、対立点に他ならないという悪循環があるにすぎない。

〝解決〟と中ソ関係

では現実的に、一方の側の徹底勝利を考えることはできるだろうか。解放戦線側が純軍事的に米軍を全滅させえないのは、日中戦争において中共軍が日本侵入軍を全滅はできなかったのと同様である。しかも士気の点を除いて兵器・物量の面において現在の米軍は旧日本軍とはくらべものにならない。反対に米軍は解放戦線軍を全滅できるか。一九六六年末に予想されている四十万の兵力では、まだまだ面の確保はできないし、北からの南下も阻止することはできない。ちなみに書きそえれば、四十万という兵力は朝鮮戦争の時の最高時を越える。

私の記憶に間違いなければ、一九六五年春、サイゴンの英字新聞の隅に、パワーズ前戦略空軍司令官が、戦略空軍を自由に使わせてくれればベトコンなど十日間で叩きつぶしてみせる、といったという記事が出ていた。その後間もなく、グアム島からのB52戦略爆撃隊の渡洋爆撃がはじまってすでに一年を越えるが、解放戦線はなお健在である。北爆も開始以来一年半を越えるが、北ベトナム軍の南下は六五年の平均千五百から六六年前半には四千五百、六六年秋の初めには、六千人と着実にふえている。

米軍が純軍事的に完全勝利をおさめうるための条件として、①米地上軍を七十万以上にふやす、②ラオス南部と十七度線境界線のすぐ北、つまり北ベトナム南部の一番幅のせまい地点まで地上軍を北進させ、北ベトナム軍の南下路と補給路を遮断する、③ハノイ、ハイフォン港およびタイグエン鉄鋼コンビナート、ホンゲイ炭鉱など経済施設をB52で徹底絨《じゅう》たん爆撃する。――などの諸戦術があげられているが、①は米国内の兵力動員の面で、②は中国軍の介入、③は対ソ関係の悪化という点で、明らかな危険をはらんでおり、しかもそうした危険を冒してなお、完全勝利を百%保証されるかといえば、そうとは限らない。

したがって無条件の勝利と敗北という事態は、少なくとも数年内にはありえないとみるべきだろう。

最後に、第三の相対的勝利、あるいは敗北に伴なう妥協方式はどうであろうか。この形式はいわば、ディエンビエンフー大勝利をおさめながらも、核兵器がアメリカだけの独占だった事態から、ホ・チ・ミンが中ソに説得されて「二年後統一選挙」という約束つきで北半部だけで手を打たねばならなかった一九五四年ジュネーブ休戦協定の形である。

この協定に調印するとき、ファン・バン・ドン首相は「二年後の総選挙」は内心は到底実現されまいと覚悟しながらも、やむなくそういう「約束」で格好をつけ、〝対等の休戦〟という形にしたといわれる。そしてファン・バン・ドン首相が内心覚悟していたとおり「二年後の総選挙」は完全に反古《ほご》にされたのが、現在のベトナム戦争の根本的な原因である。だが、もう一度ハノイと解放戦線の指導者が同じように、たとえば「何年後かの米軍撤退の約束」で武器を捨てるであろうか。核兵器はもはや、アメリカの独占ではなく、米ソの独占でさえない。しかも中ソの対立という事態がからんでくる。

かつてベトミンの対仏独立戦争のとき、その妥協解決をもたらした裏面の重大要素が、アメリカの原爆独占という事態だったとすれば（ディエンビエンフー戦のとき原爆を積んだ第七艦隊はすでにトンキン湾に現われていた）、今度のベトナム戦争解決のきわめて重大な条件は、中ソ関係であろう。

この点において①米軍の徹底的戦争強化と拡大によって、解放戦線と北ベトナムが壊滅的打撃に直面するような事態となったとき、ソ連が断固として「米帝国主義の侵略反対」の線を貫き、中国と事実上共同して、つまりイデオロギー論争は一時凍結して対米抗戦の実質的援助に踏みきるかどうか。②たとえソ連はこれまでのように形式的支援のままにとどまり、むしろハノイを説得して対米妥協を促進するとしても、ハノイがこの誘惑をけって中国と結び、中国の介入要請に踏みきるか——という問題が大きく浮かび上がってくる。

もし反対に、ソ連が中国よりも「パクス・ルソ・アメリカーナ（米ソ共同世界支配）」を選んで、ハノイに中国離反を説得して成功すれば、一九五四年ジュネーブ休戦協定式の当面の格好をつけ、実質的には相対的敗北に近い妥協をのむかもしれない。しかしそうでない場合は、もはや五四年の二の舞いを繰り返すことはあるまい。

このように考えてみると、ベトナム戦争の「解決」という言葉を本気に口にする場合、ぎりぎりの問題は米中対立に対するソ連の出方および中ソ対立に対するハノイと解放戦線の態度といった、国際的次元に不可避的にからみ合ってこざるをえない。いわば地理的なベトナムを越えたところに、ベトナム戦争の運命がかかってくる。それはちょうど、物理的な戦争より、もっと深い民衆の心理的次元に、人民戦争としてのベトナム戦争の大きな要素があるのと似ている。サイゴンの六ヵ月の間に、私が物理的な戦闘より深い要素を知らねばならなかったように、帰国後一年の外報部デスクで、ベトナム専門記者としての経験は、インドシナ半島よりさらに広い視野であらためて問題を考えねばならぬことであった。

そしてこの一年の経験からいえば、確実で客観的といえる判断と見通しの素材は、ここにもないというにがく苦しい発見である。

かつてサイゴンで民心の動向という要素を、いわゆる客観的に測定することが絶望的に困難だったように、いま東京で私は国際関係という要素の判定が、いかに不確実にしか捉えられないかを、身にしみて感じはじめている。いってみれば、社会部や政治部の日々の報道を、ニュートン力学の通用する日常的世界とすれば、サイゴンでの報道は量子力学的な極微の世界であり、東京での国際情勢の判断は、相対性理論の極大の世界でもあろうか。

目をあけてみれば、そこに明らかな対象が在るのではない。サイゴンでは報道主体の過去の生活の体験と感情が、混乱する対象を捉える有効な手段であったように、つまりそういう個人的感情へ傾く危険をつねにはらんでいる手段を使う以外に方法がなかった。ここでは過去の歴史的知識と観念が、つかみどころなく茫漠たる対象に形を与える手段であり、そしてここにも観念的図式化の危険がつねにつきまとっている。

力の政策と中国

東京での国際情勢全体の把握という作業は、きわめて抽象的な、ほとんど形而上学に近い作業である。

米軍が、南ベトナム内だけの作戦で軍事的解決を達成できぬ場合、北ベトナム軍の南下阻止という名目で地上北進に踏みきるのではないか。

その場合、中国軍が介入するかしないか。

もし中国義勇軍と米軍との衝突が起こった場合、ソ連はどう出るか。

こうした問題に確実な解答を与えることがいかに困難かということは、理解してもらえると思う。だが、困難だといって回避していることはできないのだ。なぜなら、第一に、連日連夜数限りなく外電のテレタイプ、特派員電報、共産圏放送の傍受などを通じて流れこんでくる発表、演説、コミュニケ、観測、情報などの材料を取捨選択しなければならないし、第二に特定の政治外交上の目的から故意に断定してくる見方に対し、ブレーキをかけ、あるいはアンチテーゼを提出することが必要だからである。

たとえば、一九六五年末から六六年初めにかけて、アメリカのいわゆる平和攻勢が展開されたが、「平和」とか「交渉」という言葉そのものはいかにも耳に快くひびく。だがそうした言葉を本人は本気で発言しているのか、相手側が応じないことを承知のうえで格好をつけているだけではないのか。本気だとすれば言葉の裏にある真の意図は何であるか。そのような意図はどのような情勢判断と戦略にもとづいているのか、などの判断なしには、たとえばまずそのニュースを三面外電面に三段ぐらいに片づけるか、それとも一面のトップに大きく扱うかを決めることはできない。あるいは私たちにとって「和平呼びかけ」という見出しの「和平」を〝和平〟とヒゲカッコをつけるかどうかという普通あまり注意されないようなところにも、その和平呼びかけが多少とも実現性のある本気のものか、それとも単なる宣伝かの判断が働いているのである。

一九六五年暮から、六六年初めにかけてのアメリカの〝平和攻勢〟のとき、日本の新聞はかなり大きくそれを扱った。アメリカは北爆を一時一方的に停止したし、バンツォン戦以来、戦局の将来に対する楽観論が出はじめてはいたが、まだそれほど高姿勢ではなかったし、それまでは固く拒んでいた解放戦線を交渉相手に加えるという譲歩、それはきわめて当然のことだが、それもちらつかせはじめ、〝もしかすると〟アメリカは本気で取引きする気かもしれない、という一抹の期待めいた要素がないわけではなかったからである。

だが、この和平交渉呼びかけの期間中にも、米軍の増派はつづいたし、北爆は間もなく再開された。再開された北爆はますますハノイ、ハイフォンに近づき、ついに六月末には石油貯蔵施設爆撃という形で、ハノイ、ハイフォン郊外まで爆撃をはじめた。

同時に「共産側はもはや軍事的勝利はえられない」(ジョンソン大統領)、「ハノイには厭戦気分が生まれている」(ボール国務次官)、「北ベトナムは間もなく南から手をひきはじめるであろう」(ムーア太平洋空軍副司令官)といった一連の、きわめて楽観的高姿勢の発言が、米当局者たちの口からあいついで発言されはじめた。

つまりもう一押しすれば、勝てるという態度がはっきりとワシントンの方からにおいはじめたのである。さらに中国の文化革命、紅衛兵運動という〝中国革命第二の波〟が、革命後退期のソ連との関係をいっそう悪化させてきた。それと同時に、三月からうねり上がった南ベトナムの反軍政・反米・反戦運動も、キ首相の強硬弾圧とタム・チャウ、ホ・ジャク師ら反共仏教徒指導者たちの裏切りによって、かろうじておさえこむことができた。つづいて九月の制憲議会選挙では、「八〇・八％」という数字を大々的に宣伝して、いかにも民衆の八割がサイゴン政権とアメリカを支持しているかのような印象をつくり上げた。そのことによって、米当局の自信はいよいよ強まったようだ。プノンペンでのドゴール大統領の提案――米軍はただちに撤退しなくても、撤退の時期さえ明示すれば交渉に入ることができる、という示唆を、もはやワシントンは冷然と黙殺し、むしろそれをハノイの弱腰の間接的証拠とさえみるようになった。

このように一九六六年初めには、まだアメリカは対等の話し合いの気があるかもしれないとも考えたわれわれも、半年余たった現在、もはやアメリカは南ベトナムを完全に〝第二の韓国〟とする以外の条件でベトナム戦争を「解決」する腹のないことをいやでも知らされつつある。

それはアメリカにとっては「解決」であろうが、解放戦線にとっては「全面的敗北」であり、ハノイにとっては、北緯十七度線が国境線になるという「新しい現状」の屈辱的承認に他ならない。九月末、フィリピンのマルコス大統領の提唱という形で、ベトナム派兵七ヵ国マニラ会議が開催されるという発表があったとき、それを「和平のための会議」という論評にはもはや動揺することなく、ただちに「軍事的解決のための会議」と規定することができたのも、そのような過去半年余の事態の体験があったからだ。

そのように、いまやアメリカの腹はほぼわかってきた。アメリカの描くベトナム問題未来図の骨組みは、明らかになったといえるが、しかしそれはあくまでアメリカの期待する未来図にすぎない。

南の戦局についても解放戦線軍主力は健在といわれ、北ベトナム軍の南下は増大し、全体としての兵力はふえていることは米軍も認めている。政情については「八〇・八％」という数字の実体は前に触れたが、推定される新しい要素は、かねてから解放戦線側で指摘していたタム・チャウ師ら反共仏教徒指導者の正体が誰の目にも明白になり、決して容共派ではないが、衆生済度の大乗仏教の原則に忠実に生きようとする良心的な若い僧や尼僧、仏教系学生、信者たちが解放戦線の側につきはじめたという動き（バーチェット）、米軍の徹底焦土作戦が民心に与えている反発などがあげられ、南の内部だけの事態も必ずしも、ワシントン当局者の描いてみせるほどバラ色ではないともいえる。

たとえ南では近い将来、米軍の軍事強圧作戦とサイゴン政権の政治工作が強引に成功するとしても、ハノイがそうした解放戦線の壊滅を坐視するかどうか。さらに解放戦線の崩壊を救うためハノイが全力をあげて南下し、米軍はハノイ、ハイフォンと工業施設まで北爆をエスカレートした場合、中国がどう動くか、という点については、確実なところ全く不明である。

この点については、外報部記者たちの中でも見解は大きく分かれているのが、一九六六年秋の実情である。

一方の派の人たちはいう。解放戦線とハノイはアメリカの決意を誤算した。時間がたてばたつほど解放区は壊滅され、北ベトナムは破壊される。それに北朝鮮、日本共産党からも見放された中国は、いまや共産陣営内でも孤立し、国内も紅衛兵運動で混乱している。ハノイはすでに中国を離れて、ソ連に接近しており、米ソの線で何とか格好のつく和平をはかろうとしている。おそらく一九六七年末までには、ベトナム戦争も「解決」されるだろう。

これに対して他の一派はこうみる。ハノイは決して中国を離れていない。ソ連の援助も必要だが、何といってもソ連にとってベトナムは遠い。反対に中国にとっては、北ベトナムが壊滅的打撃を受けることは中国自身の安全保障上の重大問題であり、現在の紅衛兵革命も近い将来の対米戦争を覚悟しての臨戦体制であって、ハノイも中国軍介入による中国の影響力増大は好まないとしても、米軍が韓国のように半永久的に南にとどまるような事態を防ぐには〝より少ない悪〟として中国軍の介入を要請するだろう（北朝鮮から中国軍は引きあげた）。米軍の物量に対抗するには中国軍の助けを借りての人海戦術しかない。その犠牲は大きいとしても、対仏独立戦争以来の民族完全独立への熱望は他に代えがたい。したがってそれが第一義であり、ここで挫折することは過去二十年の犠牲を無にすることになる。

つまり現在の国際情勢を、基本的に米ソ関係という軸で捉えるか、それとも民族解放闘争の波として捉えるか、というきわめて原理的な意見の相違が、この論争の底には横たわっているわけである。

大まかにいって欧米先進国専門の人たちは、前者の傾向が強く、後進国専門の人たちには後者の見解が多い。さらにこの相違には、民族主義という精神的感情的要素（必ずしもイデオロギーではない）と、力関係という現実政治的要素とのいずれを歴史の基本的要素とみるかという歴史観がある。あるいは人間には都市や工業施設が灰になっても、一世代の全体が犠牲になっても、守るべき価値あるものがあると考えるか、生命を賭けてまで守らねばならぬようなものはない、と考えるかという人間観の対立さえ見出されるだろう。

この点において、素朴人道主義の枠内だけの価値観で判断する社会部的な仕事とはちがった、非常に微妙で難しい問題に、現在の外報部記者一人一人が直面しているともいえるだろう。

もちろん右のような根本的な人間観、歴史観を明確に意識しながら、毎日仕事しているわけではない。だがベトナム戦争が、もはや南ベトナム内部のクーデターや、個々の戦闘の勝敗といった次元を越え、米中戦争という事態が決して単なる論理的推理の問題ではないところまで拡大されてきている現状においては、ジョンソン大統領の新提案、米軍機の中国領侵入事件、非武装地帯爆撃、ハノイ指導者のモスクワ訪問、中国要人の演説などの個々の事件が、いずれも否応なくわれわれに自分自身の基本的な価値観の自覚と反省を強いる。

とりわけこの頃は、お互いに議論するようなときは、個々の問題点を越えて基本的な議論になることが多い。「きみとは人間観がちがうからな」と最後には互いに呟くのである。

試される報道

ベトナム戦争そのものが難しいところにきているように、その報道も難しいところにきている。米軍がまだ軍事顧問の資格で参加し、主役が政府軍と解放戦線だった時期を第一期（六五年初めまで)、北爆と米地上軍の本格介入がはじまって、米軍と北ベトナム南下軍が正面からぶつかり合うようになった時期を第二期(六五年春以後)とすれば、一九六六年六月の米空軍のハノイ、ハイフォン近郊爆撃以来、ベトナム戦争は第三期に入りつつあるようにみえる。

一九六六年中には米軍は韓国軍、オーストラリア軍などをひきつれ「連合軍」の名目で十七度線の非武装地帯に進入するかもしれない。北ベトナムのミグ戦闘機を追尾しての中国国境越境事件、また北ベトナム国境地区の中国領の武装偵察飛行もふえるだろう。すでに中国の対米警告はその語調のはげしさにおいて、一九五〇年秋朝鮮戦争で「国連軍」が三十八度線を越えて北上する態勢をとりはじめた時期に匹敵する。中国の巨大な影を視野のうちに入れずしてベトナム戦争を考えることはできなくなったという意味で、いまや第三期がはじまりかけているというのである。

「まさか」という言い方を私たちはしばしばする。だが私が外報部に勤めるようになってからも、何度「まさか」という事態が世界では起こったことだろう。ハンガリー暴動、李承晩政権打倒、キューバ危機、中ソ対立、北爆と、事態の方がわれわれの予感と想像力を越えて先行したことが決して少なくない。

指導的政治家たちの想像力が、われわれをうわまわって、先きを見通していたからではなく、彼らもまたわれわれと同じく不確定的要素にみちた世界の中を手探りしているからである。しかも彼らはイデオロギーに縛られ、国内政治のかけ引きに押されて、われわれ以上に自由でない。ケネディ政権初期のキューバ侵攻の失敗後、CIAの情報能力が米国内できびしく問題になったが、最高首脳者たちの手に渡る報告と資料なるものが、どれだけ正確か私自身はきわめて懐疑的である。故意に都合のよい報告だけが提出されているとはいわないが、資料なるものはまとめられ、要約される過程で、多くの要素が捨象されてゆく。とくに簡単に数量化されない重要な要素が脱けてゆく。数字というものは便利なようで、実はきわめて危険である。

ベトナムの殺りく比率、選挙の投票率の数字がそうである。ジョンソン大統領のベトナム政策と、ギャラップ、ハリスなどの世論調査の大統領支持率の数字の間にも、かなりはっきりした相関関係がある。エスカレーション政策をとるといわゆる支持率の数字は上がり、数字が下がりはじめると大統領はエスカレーション措置をとるという関係だが、この場合、世論調査の数字というものがどれだけ米国民の心的傾向を反映しているのか。多少ともベトナム問題に専門の私でさえ、イエスかノー式の明快な意見をいうことはほとんどできないのに、一般の人がどれだけ明確なベトナム戦争のイメージと見通しと意見をもっているだろうか。

おそらく調査員に問いつめられて、多くの人が「まあ、そんなものでしょう」とあいまいな答え方をしているであろう。だがそれが集計されると「ベトナムで核兵器使用に賛成するもの」が米国民のうち約一〇％（ハリス調査）という、いかにも確固たる形になって出てくる。米国民の場合はまだ比較的明確な政治的見解をもっており、それを自由に論理的に発言する能力をもっていると仮定してもいい。だが、形式論理的思考を最高とは考えないアジア人の場合、どのようにその心理を捉えるのか。論理的な形で意見を表明できないというとき、全然彼が何も感じ、考えていないというのとはちがう。

サイゴンの仏教徒本部の集会に集まる貧しい庶民たちは、自分の意見を論理的に展開することはできないだろうが、彼らの中に坐りこんでいると、彼らが体で感じている感情と意見が、一種の熱気となってこちらの肌にひしひしと迫ってくる。そういうアジアの土民的心的傾向を、現地のアメリカ人でさえ理解しないとは、サイゴン政権閣僚がしみじみと私たちに訴えたとおりである。

まして北ベトナム人や中国人の態度と決意を、マクナマラの電子計算機がどこまで正しくプログラミングしているか。

結局人間というものは、自分を基準にして他を測るものだということは、国際情勢の次元においても成り立つように思われる。自分だったらそうするだろう、という想定から、他の考え方、出方を推定する。帰国直後、ある同僚との会話。

「きみはサイゴンからさかんに北爆が成功しまいと記事を打っていたが、ハノイ、ハイフォンがやられそうになったら、北ベトナムも和平に応ずると思うかね」

「どうかな」

と私は答えた。

「こわれた街は建て直すことができる。工場だって廃墟の上に新しく建てることができる。朝鮮戦争後の北朝鮮のように。だが傷つけられた民族的自尊心の傷は五年、十年では消えないね。失われた独立を取り戻すには、さらに何倍もの犠牲を払わねばならなくなる。重要なのは物じゃない」

「いや、物だね。経済だよ」

「コメの輸送ができなくなっても、バナナがある。家が焼かれてもベトナムには冬はない。それにベトナム人というのは、中国人もそうだろうが、いやらしいほど執念深いんだ。ナパームの雨もこの執念だけは焼けないからな」

非現実的な現実

一年たった現在では、私の考え方の方が正しかったことになるが、事実ハノイ、ハイフォン市と重要工業施設が灰燼に帰したとき、ホ・チ・ミンがどう動くか。ソ連に仲介を頼むか、中国に介入を要請するかを、私は断定することはできないし、またジョンソン大統領はじめ日本のいわゆる評論家たちまで、すべての人が不確定要素を単純に確定しないことを、私は心から希望するものである。

先頃、私は朝鮮戦争当時の新聞の縮刷版に眼を通してみて驚ろいたことは、三十八度線を突破すると、中国軍の介入の可能性があるとはっきり警告していたのは、私の眼にふれた限りウォルター・リップマン氏だけだったことだ。マッカーサー元帥から日本の評論家諸氏までが、一致して「建国早々の中国が大量介入するなどということは考えられもしない」と実に断定的に語っていた。中国の幾度もの介入警告声明を、誰も本気に受けとりはしなかったのである。

同じように現在、中国は口では強硬なことをいうが、行動は現実的であり対米戦争のような非現実的な冒険をするはずがない、という断定口調の意見がきわめて多い。しかし南で解放戦線軍に対処できないからといって、北ベトナムを連日数百機の翼を連ねて爆撃することは果たして非現実的ではないだろうか。

解放戦線という何よりの当事者を除外して「和平交渉」を呼びかけるのが非現実的ではないだろうか。あるいは、われわれの眼からみる限り、ハノイが連日爆撃され、南では解放戦線と北ベトナム南下軍が八十一ミリ迫撃砲以上の大砲らしい大砲さえなく、ほとんど肉弾で、米軍の核兵器だけを除く最新鋭兵器と戦っている現状を前にしながら、共同支援体制を組むことができず、中ソが互いの援助ぶりにケチをつけ足をひっぱり合っているというのも、きわめて非現実的である。

非現実的なことは起こりうるのである。既成の概念だけで、あるいは「まさか」という想定で割り切れぬものは、非現実的として考慮からはずすことこそ現実的ではない。

現実は貧しいアジアの民衆の心理的現実から、美辞麗句の演説で飾られた国際関係の外交的現実まで、決して単純に確定的な顔つきなどしていないのである。

かつてキューバ危機の頂点の日、夕刊でＭＲＢＭ（中距離弾道ミサイル）を積んだソ連輸送船が大西洋を西に航行し、それを臨検するため米艦隊がキューバ近海に警戒線を張り、その接触が今夜になるという記事をみてから、夜勤に出勤する途中、電車の中で、駅の階段で、あるいは駅前の通りで人々が全くいつもとおりの表情で歩き笑い坐っているのを眺めながら、平凡な市民の日常的現実と、もしかするとそれらの一切を一瞬に吹きとばすかもしれぬ国際政治の現実との間の、深い裂け目を実感した経験がある。再びそれと似た、黒く深い裂け目を眼の前に見るように思う日が多くなった。

外報部のデスクで六月のハノイ近郊石油施設爆撃後、上昇した米世論調査の大統領支持率が、再び下降しているというワシントンからの電報をみ、ダナンの米海兵隊基地の軍人の間では地上北進などいまさら論議するまでもない自明のことという空気が強いという話を、帰国した石川文洋カメラマンからきいた。

あるいは米軍機の中国領侵入に対するはげしい調子の中国国防部の抗議を読んで、地平線の向こうに暗い密雲がじりじりとその不気味な姿を濃くするような想いにしばらく沈んでから、さて外に出ると銀座の街には秋の午後の透明な陽が黄ばみ始めたプラタナスの街路樹を照らし、人々は忙しそうにあるいは楽しそうにさざめき歩いている。

夜ともなればネオンが輝やき、若い男女が肩を抱き合って行く。非常に奇妙な感じがして仕方がない。

最悪の事態だけを強調することは、必ずしも報道の第一義ではあるまい。だが危機の中にあって、なお楽観的な見通しだけを報ずることは、一種の誤報であろう。最悪から最良までのあらゆる見通しに立って、不確定要素ははっきり不確定と書くべきだと私は思う。

そしてわれわれの運命を大きく左右するかもしれぬ、最も決定的な要素が不確定でしかなく、多少とも確定的に語るためには、いずれか一方の側に、あるいは一定の歴史観、人間観に立たねばならぬのがベトナム戦争第三期の現在の実体であろう。

北爆米機の爆音とはげしい対空砲火のとどろく中で、いまホ・チ・ミン大統領の脳裏には、どのような想いが去来しているであろうか。最近とみに自信を増したアメリカが、さらに強圧をつづけるならば、遠からずホ・チ・ミンは、心ならずも中ソのどちらかを選ばねばならぬ決定的な日がくるだろう。

第十章　国際報道の転機

報道の前進

ベトナム報道が日本の報道に画期的な転機をもたらしたと断定するのは、おそらく言いすぎだろう。

他のさまざまの要因が重なっているにちがいない。たとえばテレビの普及によってスポットニュースの速報性という従来の新聞報道の重要な要素は、この数年来少なからず浸蝕されていた。受身に事件が起こるのを待つ態度、あるいはニュースのあとを追いかける姿勢は大きく反省を迫られつつあった。

「いつ」「どこで」「どういう」事件が「どういう風に」起こったかを、できるだけ速く伝えるだけでは十分でなくなった。「なぜそういうことが起こったか」そして「どうなるのか」という背景の分析と行方の見通しと意義づけといった、より深い焦点深度が新聞には要求される。同時にすすんで事態を捉え、意味をさぐり、問題を追求するという積極的な企画性が必要となってきていた。テレビの速報で基本的な事実とイメージとを与えられたのちに、さらにその背景と原因と意味と行方を、あらためて新聞で読み直し眺め直して考え直すという在り方が一般化しつつある。

つまり新聞はテレビに一歩押されることによって、逆に二歩前進すべき時期にあったのである。

さらに新聞一般ではなく、外報部という国際報道の分野においても、これまで主に東京本社では欧米通信社の電報、特派員の場合は現地の公式発表や演説や新聞論説に頼ってきていた仕事のあり方――つまりすでに欧米の記者たちが取材し意味づけし論理化したその材料と論理のパターンを利用して、記事を翻訳し解説を書くという仕事の仕方に対する反省の時期にあった。おそらくそういう外電に頼る二次的な報道の仕方というのは、占領時代の後遺症だったにちがいない。

最近、私は朝鮮戦争当時の日本の新聞に目を通したが、それはマッカーサー司令部の発表文をそのままのせ、時折それに注釈的解説をつけるという、全く受身の報道の仕方であった。たとえば「国連軍」の三十八度線突破北上というまさに当初の戦争目的の質的エスカレーションの重大な時期にも、日本の新聞としての見解、不安の表明、警告およびそのようなエスカレーションに対する中国軍介入の可能性の追求という面は意外なほどなされていなかった。中国のあいつぐ警告の報道もきわめて形式的にすぎず、その軽視ぶりはマッカーサー元帥の中国無視の態度と全く同波長だったといっていい。

その後、私が外報部に勤務しはじめてから記憶している幾つかの大事件――ハンガリー暴動、キューバ危機、コンゴ動乱、ベルリン危機などもすべて外電を通じ、あるいは特派員も直接現場に乗りこむことなく間接的に報道した。

外電の材料を日本人の思考から組み直すことはあったが、直接われわれ自身の眼で見、肌で感じたリアリティーと自信をもって報道し主張するということはできなかった。したがってA

P、UPIなど、アメリカの大通信社の取材角度、ロンドン・タイムズ、ニューヨーク・タイムズ、ル・モンドなどの有力紙、ロンドン・エコノミストなどの権威ある雑誌の思考パターンのうちに、無意識にとらわれていたといっても必ずしも過言ではあるまい。そうした国際報道のあり方にわれわれも、また読者も不満だったのだ。

私自身よくおぼえているが、かつてはダレス米国務長官の記者会見というと、どんなテーマをどういう見方でしゃべろうが、とにかく大急ぎで全文翻訳して大きく扱ってきた。またアメリカ議会の審議は、上院、下院および両院合同委と経過がきわめて複雑だが、たとえば対外援助費の場合とその途中の審議を最終決定でもないのにいちいちくわしく報道し、その対外援助が被援助国でどういう役割を果たし、どういう風に使われ、あるいはどういう仕組みで途中で腐敗政権要人のポケットに消えていたかの追求はほとんどなされていなかった。またアジアの問題をとくに軽視したのではないが、欧米経由の材料で、あるいは欧米人の眼を通して眺めていたことが少なくなかった。だから外電といえば、読者にとっても、何か縁遠くよそよそしい親しみのないものであった。外報部記者自身「どうせ誰も読みはしないんだ」という自嘲めいた気分があったし、社会部や政治部から「きみたちなんか横のもの(外国語)を縦にするだけだから楽でいいな」などと皮肉られていたものだ。少なくとも政治部記者が政府の汚職を追求し、社会部記者が物価問題や公害問題と取り組むときのような自分たちの国の現実と世論を動かすのだ、という主体的な気構えをもって、筆をとりタイプに向かう気持は薄かったというべきだろう。

もちろん国際政治の問題は、火事や交通事故より複雑で抽象的であり、「足で書く」などということを単純に豪語できるような分野ではない。核戦略問題、核兵器拡散防止問題や中ソのイデオロギー対立問題などは、それ自体形而上学に近い「頭で書く」高度に抽象的な問題であって「足で書く」ことはできないし、外報部の仕事の大きな部分は、依然外電を材料にしての抽象的思考を要する。だが、そうした諸条件と制約を前提とした上で、私はなお、ベトナム報道が国際報道の分野において一つの影響を与えたことは事実として指摘しうると考える。私自身が直接ベトナム報道の当事者でなかったとしても、やはりそう指摘するだろう。ベトナム報道の果たした新しい要素とは、要約してみればこうだ。

第一に、国際的事件を直接にしかも継続的に日本人記者が取材した。戦況発表において大きくMACV(米援助軍司令部)に依存したとはいえ、決して米軍発表どおりの数字、状況判断、見通しに追随しはしなかった。欧米特派員たちと対等に取材競争を行ない、仏教徒や解放戦線の取材の場合はむしろ日本人特派員の方がリードした。

第二に、国際的事件を日本人記者の視角と感覚で主体的に追求した。ワシントン製の神話やロンドン製のパターンの枠の中で、事態を見ようとはしなかった。戦闘の模様を受身に伝えるだけでなく、絶えず戦争そのものを問題意識の中に捉えた。「平和憲法」の原則にしたがったというような勿体ぶった言い方は好まないが、われわれ自身の戦争体験と敗戦後の焼け跡の中での決意を、つねに意識するようにつとめたことは誇張ではない。ロンドン・エコノミストの見方がどうあろうと、われわれはわれわれ自身の視点と論理を、不明な点ははっきりと不明で不確定だと書いたし、ワシントンの主張を誤まりだと考えれば、それは誤まりであり、宣伝にすぎないとも書くことができた。

第三に、欧米先進国の高みからではなく、アジアの民衆の下からの視点をもって情勢を眺めようと努めた。といってもちろん、かつてのような対欧米劣等感を裏返しにしたアジア主義といったものではなく、植民地化の後遺症状、後進性の歪み、援助体制の腐敗にはきびしく批判的でありながら、後進国の矛盾とそれから抜け出ようとするときには、いささか喜劇的にさえみえる苦闘と混乱に対しても、決して他人事でないものを感じながら、タイプを叩いたと信じている。

そうした新しい報道姿勢をとりえたのも、もちろんわれわれ自身が記者として特に良心的だったからでも熱心だったからだけでもなく、ベトナムという日本人記者にとって有利な場所の報道だったからである。アフリカや中南米の戦争や革命の場合だったら、果たして同じように対象にくいこみ、主体的に共感をもって仕事ができたかどうかは疑問であろう。あるいは、日韓条約調印前後のソウル特派員のように、問題があまりに直接に日本の国内政治の立場と直結していなかったこと、つまり、適度に近く適度に離れていたという条件を指摘しておかないのも公正を欠くであろう。

にもかかわらず、右のような基本的姿勢のうちに、ベトナム報道において日本人特派員たちが積極的かつ持続的な報道を実現したことの影響は、今後の日本の国際報道のあり方を少なからず変えるであろうと思う。

毎日新聞の「泥と炎のインドシナ」シリーズ、開高健の『週刊朝日』の連載ルポ、岡村昭彦の写真と体験記などは、特にこれまでの日本ジャーナリズムの国際的報道のあり方を大きく踏みこえたものであった。

また日本テレビの「ベトナム海兵大隊戦記」は、単にその素材の凄絶さという点だけでなく、一人の主役的な大隊長をえらんで、その人間的苦悩の中にベトナム戦争の本質を劇的に表現した構成、農民の逃げ去った村の家の戸口に腰を下ろした大隊長の疲れてうつろな表情のクローズアップ、その他の幾つものすぐれたカメラワークなどの点において、私は単なる記録映画の域を越えたすぐれた芸術的作品であると思う。有名な首切りのシーンなどは、むしろそういう全体の表現的効果からは、マイナスに近い部分であると思う。

それらの個々の仕事の結果については、批判もあろう。しかしこれまでは、まるで原子炉の中のアイソトープの容器をマジック・ハンドで操作するような、いわばきれいごとの遠隔操作に近かった国際報道のあり方に対し、われわれは戦争体験を新しい歴史の理念への第一歩としようと決意した日本人としての、後進性からの苦悩と矛盾にみちた脱出を試みようとしている同じアジア人としての視角を、じかに国際的現実にぶつけてよろめき戸惑い試行錯誤しつつ、そのなまのどろどろの手ごたえをそのままに書き、写した。開高氏や岡村氏のように、自分の計画にしたがって取材するのではなく、つねにあらゆる事件に対処せねばならない私など、常駐特派員の仕事は、より受動的で地味ではあったが、それなりに民衆の底辺に接したし、陰謀の舞台裏もかいまみた。兵器とドルで表現される力のすさまじさも見たし、国際政治の現実のいやらしいほどのリアリズムの臭いもかいだし、総じて歴史そのもののきびしさも身にしみた。時には感動し、時には怒り、時には焦立ち、時には興奮さえ覚えたこともあった。

結局最後に心の底に残ったのが、歴史のきびしさ、つまり腐敗無能政権の打倒、援助従属体制からの脱却、土地改革、民族自決といった善き意図を実現しようとしても不可避的に暴力と流血の連鎖にまきこまれて、広場の一角でさらしものにされて射ち殺され、テロに失敗して子供たちをまき添えにし、あるいは故郷の村をナパームの火の海に焼きつくされるという事態にまきこまれざるをえない歴史そのものの素顔の認識であった。こうした経験は、おそらく私一人ではなかっただろう。

「こんな小さな国を、どうして世界中はそっとしておいてくれないのかしら。寄ってたかって突っつきまわして、見せ物にするの」

と私はバーの女の子にいわれたことがある。同じような嘆きと抗議の声を、他の特派員たちも必ず一度は聞いたことだろう。そしてその声に答えはどこからもこないと、もちろん私たちは何も答えられないことの沈黙の重さを嚙みしめたであろう。

力の濫用への反発

たしかに外報部は変わったと私は感じる。もはや「横のものを縦にするだけじゃないか」とは、誰もいわない。その代わり、以前のように外電のテレタイプをのぞいて、チンチンと重大ニュースの至急報のベルの鳴るのを待っていればまず大過なかった受身な時代もすぎた。情勢の変化を事前に察知し、現在展開されている状況の本質的な要素を見抜いて、それを軸にして続きものの企画をたて、あるいは特派員の記事でさえ理屈だけの作文は歓迎されなくなった。

「とにかく現地感覚がなくては……」と整理部がきびしく文句をつけてくる。

「外報面も読まれるようになったんだから、読ませるように書いてくれよ」

そういわれてみると、最近は電車の中でも時折、外電面を読んでいる人を見かけるようになった。先日読売新聞でベトナム関係の記事を連載したがその四回目に、現地特派員が入手して送ってきた解放戦線軍と北ベトナム軍の詳細な兵力配置図をのせた。その図は私自身でさえも意外だったほど、サイゴン周辺に解放戦線部隊が散開配備されていて、はっきりとサイゴン包囲の体制を示していた。「面白い貴重な図だから大きく入れておいてくれよ」と整理部に頼んで出来上がりを見ないで私は帰った。

翌朝、朝刊をみると地図は三段分しか入れてなかった。出社してから整理部に行って「せめて四段にしてくれるとよかったのになあ」というと、整理部記者も「そうなんだ。ぼくも今朝くる途中の地下鉄の中で、あの地図を、赤坂見附から銀座までじっと眺めつづけていた男を二人みたよ」と残念がっていた。

長野県の田舎に、販売店の要請で講演に行ったことがある。田舎だったが新築の公民館の講堂は大きくて立派だった。販売店の親爺は「思いきって一番大きい場所を借りたんですが、前の方にちょっぴりしか来てくれないと困るなあ」とそわそわと道に出たり入ったりしていたが、定刻になると広い講堂はほとんどいっぱいになり、前列の方ではノートをとっている人さえ何人かいた。

「こんなに人がきたのは初めてですよ」と、親爺は興奮してしきりに礼をいった。礼は私にいうべきではあるまい。圧倒的な米軍の大空爆、猛砲撃、大部隊に抗して、戦いつづけるゲリラ戦士たちの知恵と勇気と執念に感謝すべきだろう。

日本のベトナム関心が高まった一九六五年前半にちょうど日本にいなかった私は、どうしてベトナム関心があのように急に高まったのかよく理解できないところがあるが、帰国してから幾つかの講演会での聴衆の反応などから、おそらく次の二つの要素が大きいと推定する。

一つは解放戦線ゲリラに対するひそかな共感であり、もう一つは日本にまで飛び火するのではないかという不安だ。

第一の点については、日本人好みのセンチメンタルな判官びいき趣味だと、自称リアリストたちは嘲笑するだろう。たしかにそういう傾向がないとはいわぬ。だが、たとえばこういう話。

中部地帯を横断する19号国道沿いのある政府軍陣地で、兵士たちは一〇五ミリ、一五五ミリ榴弾砲を昼となく夜となくやたらと射ちまくっている。「そんなに射って一体敵がいるのかい」ときくと政府軍の兵士の答えは「敵がいるから射つんじゃない、射ちつづけていれば少なくともその間、その場所には敵はこないからさ」ちなみに砲弾一発の値段は約八十ドルといわれ、つまりドカン、ドカン、と三秒ほどの間に二発も射てば、私の一ヵ月分の給料がとんでしまうわけで、これを射ちこまれるベトナム農民一年分の収入は一発分にも及ばない。

「そんなにやたらに無駄弾丸を射ちつづける代わりに、八十ドルずつ札を空からばらまいてみろ。農民はみんな政府側についてくるぜ」というと、兵士は黙って考えこんでいたが、「でも一日にこれだけ射つのがおれたちへの命令なんだから……」と力ない声で砲弾の山を顎でしゃくってみせた。

国際政治のきびしい現実を知らぬセンチメンタリズムとだけはいえまい。パワーポリティックス（力の政治）とよくいわれるが、力が、つまり砲弾とドル援助が基本的に何を解決してきたか。力の政治、力の論理、力の正義、力の争いに対する警戒と反発が、われわれの心の底にはある。特にベトナム戦争のように相手側とあまりに均衡を失して濫用濫費される場合、変質者的サディストでない限り一種本能的な嫌悪が自然に働らくはずだ。その本能的な感覚こそ、ヒューマニズムとか人道主義とか反戦といったあらゆる観念と思想以前の、人類の生存を最も底辺で支えてきたものではないか（物理的な力の過度の崇拝、有機物を無機化することへの過度の愛着がいかに退行的な変態心理症候であるかは、エーリッヒ・フロム『悪について』を参照されたい)。

私自身の心の一部を照らしてみて、かつて米軍の力に思いきり叩きのめされた敗北の屈辱感がいまもかすかに生きのびていないとはいわない。あるいは豊かなアメリカ、強いアメリカに対するひがみ根性が全くないと断言するのは自己欺瞞だろう。

一人一人のアメリカ人は、職業軍人でも単純で、親切で、勇敢で、要するに善人だ。日本人特派員でアメリカ人に反感を持って帰ってきたものは一人もいない、と私は断言することができる。だが、彼らアメリカ人自身さえ呪っている〝ワシントン〟という怪物が巨大な自動機械めいた力の権化に対する暗い警戒と反発を、私は確かに感じたし、日本人の多くがベトナム戦争をきっかけにあらためて嗅ぎとったにちがいない。あるいは私たちの報道が、その行間でそうした過度の力の濫用、力の自信過剰に対するひそかな懐疑を訴えかけたといわれるなら、少なくとも私は敢えてその非難を甘受する。

第二の、日本もまきこまれるのではないかという不安については、私の態度は単純ではない。もし米中戦争にでもなって、アメリカの核爆弾が中国本土に射ちこまれる場合、決定的な傷を受けるのは巨象中国ではなく、風が絶えず中国本土から吹き寄せているちっぽけで人口過剰の島国日本であることは、明らかな物理的、気象学的事実だと思う。そのような特殊な位置にある日本が、ジョンソン大統領が透徹した見通しと決断力と柔軟な政策(キューバ危機のとき故ケネディ大統領がフルシチョフのメンツも丸つぶれにならない余地を残したような）を欠くままに、ずるずると情勢と強硬意見にひきずられて〝前向きに逃げる〟（レイモン・アロン）エスカレーション政策をつづけている限り、強い不安を表明することは自然な反応であるにちがいない。それが国際政治の現実だといってすましていられる人は、よほどの非凡な心の持ち主であろう。

ただこの不安のままに、とにかくどんな形でも戦争だけは止めてくれればいいと強調しすぎるとき、私はふと釈然としないものを感じる。それはあまりに利己的で感情的にすぎないか。戦争とは一つの天然現象ではなく、双方ともにそれぞれに戦うべき理由と意義があり、そのために血の犠牲をすでに何年にもわたって賭けてきたものだ。現在はもはや双方ともが自分たちの正義だけを貫徹しぬけるとは思ってはいまいが、そうかといってこれまでの犠牲（人命に関する限りは解放戦線側が比較を絶して大きい）を全く無にするような降服的講和をしなければならぬとまで考えてはいないとみるべきである。この点についてあくまで第三者的な、甘い幻想は抱かない方がいい。まして第三者的立場からの〝調停〟のつもりが、実は一方の側の間接援護射撃になるような愚は避けるべきだ。

もしベトナム戦争に対するわれわれの関心が、力の濫用に対する反発と、生きのびようとする生命の意志に根ざすものであるならば、ベトナム民族にとって、より健全な知性と勇気と想像力をそなえた勢力は何であろうか。知的に道徳的に頽廃し萎縮し自信を喪《うしな》っている勢力はどちらであろうか。そのようなベトナム民族の生きぬき伸び上がり、未来を戦いとろうとする意志という視点を捨象した「とにかく和平要望」論というのは、きわめて非現実的であると私は思う。はたも迷惑だろうが、まずベトナム戦争はベトナム人の戦いであり、ベトナム人が未来をみずから築く能力があるか否かを血を賭けて証明する戦いであるという本質を、見落とすべきではあるまい。

この視点をしっかりと踏まえないと、とにかく平和とか解決という言葉の出てくる演説や提案なら、何でもよろこんでとびつくという軽卒さを招来する。つまり解放戦線と北ベトナムにとっては、外国軍撤退の信頼できる公約という線がみたされぬ限り、他の末梢的な点でどのような譲歩がなされても、銃の引き金から指を離さないだろう。なぜなら、外国人(フランス人)に支配された体制、外国(アメリカ)の援助にすがりついた体制の二つの時代の不健全さを、ベトナム人の生命の核心の健全な本能は感じつくしてきたからである。自らが自らの運命と未来の主人になること——これがサイゴンの豊かな生活を保証された弁護士(グエン・フート議長)や建築家(フィン・タン・ファット副議長)たちをジャングルの想像を絶する悪条件の戦いに赴かせ、何百年来コメと子供をつくることしか知らなかった農民に、トンネルを掘りぬく技術、ゴム林の上から狙撃する技術、戦車を動かなくする技術、ヘリコプターの死角をねらう技術を習得させた、情熱と意志の根源に他ならない、と考えられるからである。

ベトナム体験の教訓

そのようなベトナム戦争の本質をわれわれが果たして十分に報道したかを自問するとき、少なくとも私は完全にイエスと答えることはできない。外からの圧迫はなかったが、自己検閲によって私は幾度か筆を弱めた。一つは政治的な、もうひとつは、客観的報道という公理への気兼ねから。勇気という点については個人的な問題だが、報道の客観性という問題については語るべきだろう。

東京のデスクでテレタイプを通して流れこんでくる外電の記事を読んでいると、事実というものがかなり明確な形で存在しているような錯覚に再び陥りがちだ。だがそのたびに私は、眠気を払うようにはっと頭を上げ、一年前の体験を呼び戻す。沼の中を泳ぐような、濃霧の底を這いまわるような、それぞれちがった番組をがなりたてる十台のラジオを同時にまわりで鳴らすような、あの不明確な、混線の状況。

その混乱と不確定の、不確定なままの濃いリアリティー。明確な物の像、明快な情勢展開の筋道を照らし出すサーチライトは、頭上のどこにもなかったのだ。

事実を捉え見透す光は、自分の内部からしかこない。自分の過去の全体験、全知識、そしてまた人間性と歴史についての自分自身のぎりぎりの信念――それが私の眼の内側にかすかではあったが灯をともし、その灯によって私は見、感じ、考えて書いた。

それは形式論理的な意味では〝客観的〟ではあるまい。だがみずから相対的でしかありえないことを覚悟したうえでの相対的認識は、単なる相対性ではないだろう。読者に対して「これが事実だ、これが客観的真実だ。さあ信じろ」という調子で私は書かなかった。「私はこう捉えこう判断した。あなたもまた私の記事に対して判断してくれ。そしてあなたの判断もまた絶対的ではないのだ」と私はバナナをかじりながらタイプを叩いたと思う。

確かにそう思う。だが自分の記事のスクラップブックをいまひろげて、現在の事態と照合しながら読み返すとき、その相対性の自覚が時折り弱まっている個所を発見する。そして不思議とそういうときのいかにも自信あり気に、判決調の断定を下した見通しがはずれている。

先に私はベトナム報道の意義は、受身で間接的だったこれまでの国際報道に、主体的な報道姿勢を持ちこんだことだと書いた。この〝主体的〟ということが、単なる主観性に堕さないために必要なものが、いわゆる客観主義よりさらにきびしく謙虚な相対性の自覚だろう。何となく論文めいて親しみ薄かった国際報道の記事に血を通わせた、大森実氏の功績を私は評価するが、しかし氏の強いナルチシズムは相対性自覚のブレーキを弱め、北ベトナムでニュース映画から米軍のライ病院爆撃を客観的事実と印象づけるような逸脱を結果した。また日本テレビの「ベトナム海兵大隊戦記」の首切りの場面も、大森氏とはちがった意味で、観る人たちの感受性に対する謙虚な信頼感が足りなかった。そのためナマの素材をぶつけて、結果的には圧力をかけられる口実を与えたと考える。

だが新しい開拓には行きすぎは不可避かもしれない。大切なことは、その行きすぎからどのような教訓を学ぶかということだ。どれほど積極的に主体的であっても報道という仕事の基本技（野球ならゴロはかがんでとり、フライは両手でおさえるといったこと）を逸脱すると体勢に隙ができ、そこを突かれるのだ、という教訓を虚心にくみとることである。それが彼らの不幸な冒険を生かす道でもあろう。

私の赴任した一年半余前は、まだベトナム戦争は地平線のこちら側の出来事ではあったが、遠い事件だった。ところがいまや、一方は米中戦争の危機という方向から、もう一方はマニラ参戦国会議（一九六六年十月二十四、五日）にみられるように「アジア自由諸国の結束」への呼びかけという方向から、ベトナム戦争の波がひしひしと日本列島の岸にも打ち寄せはじめている。戦争が拡大、縮小いずれの方向をとるにせよ、日本はもはや第三者の見物席に坐っていることは困難になろうという予感が強くする。

最近もマニラ会議の開催が発表された日、これが和平のための会議か、戦争のための会議かという問題を書きながら、かつてない重い感覚を味わった。というのも、もはやそれは一応筋のとおった格好をつければいい、という解説でもなく、また思弁的興味からの性格規定でもない。この判断は日本政府が代表を送るかどうか、つまり日本がベトナム戦争にアメリカ寄りの方向からコミットしてゆくかどうかの決定に、影響を与えるであろうという手ごたえからの責任感だった。

日韓条約締結前にも、それに似た感覚で仕事をした記憶があるが、そのときはいくら私たちが書いても大局は動かせまいという一種の諦めがあった。だがベトナムについては、私たち前サイゴン特派員は、日本でいま最もベトナム問題を判断しうる立場にあるのはわれわれだという気持があり、同時に私たちの書くものは、世論に一定の影響を与えられるのだという感覚がある。いや私たちの認識の足場は多くの日本人のベトナム関心と共通しているのだ、という実感がある。

今後ベトナム報道は、背後の国際情勢の分析も含めて新たな段階に入り、ますます主体的にならざるをえなくなると思われるが、その場合、正しく主体的であることの困難についての私たちのサイゴン体験は、何らかの意味を持ちうるだろう。〝客観的〟という云い方で受け身に非主体的であることを正当化することは、もはや外報部においてもかつてのようには通用しない。客観性の神話と主観性の落とし穴との間で、私たちの仕事は、これからますます微妙で困難になるだろうが、報道という仕事は本来決して容易でも単純でもないのだ。

第十一章　真実について

事実と真実

前章で一歩カメラをひいて、過去二年間のベトナム報道のあり方をマスコミ内部でふりかえってみたが、最後にもう一歩カメラを後退させ、いわば外側から〝報道の真実〟を問題にしてみたい。というのは、ベトナム報道において前衛的役割を果たした岡村昭彦、開高健はともにプロの新聞記者ではなかったし、「泥と炎のインドシナ」シリーズの企画・実行者大森実氏も、その後新聞社を退社していることは必ずしも偶然の条件ばかりではないと考えるからだ。

かつて大学の社会学科に入った初めの講義で「社会学という学問がいかにして学として成りたちうるか」というおよそ三百代言的な自己弁明と、自己正当化的議論をえんえんと聞かされた。「どうしてそんなに〝学〟の仲間入りに精力を費すのか」と全くばからしくなり、どうやら象牙の塔の内側の精神的世界でも、ヤクザよろしく自分の縄張りの確定と維持が大問題らしいと痛感した記憶がある。自分たちの仕事の領域をあまりに厳密に確定してその垣根のうちに安住してしまうと、いつか動脈硬化症状を起こしがちである。新聞の場合も、新聞記者とはこうであり新聞記事とはこう書くべきものだ、という条件が一種の伝統的規範として固定化されると、その規範を踏みこえて、新しい事態、深い現実、混乱と矛盾のリアリティーそのものを生き生きと捉えることはできない。そして主体的に判断し、自由に表現する柔軟な姿勢と冒険心が稀薄になる。

私が新聞社に勤めた個人的理由は幾つかあった。そのうちの一つはヘミングウェイの簡潔で即物的で硬質の文体は、若いときの新聞記者時代に訓練されたものだった、という誰かの評論の文句を読んだからである。私は自分の中にある短歌的抒情性、やさしく美しい自然の風物、季節の推移に心の動きを仮託する自分の習性と文章、それらを根本的に叩き直したいと考えたことがあった。事象にじかにぶつかって、非情正確にそれを記述するという即物的感覚と文章の自己訓練を夢みたのだったが、入社して間もなく、私は卒直にいって失望した。

新聞の文章は、決して対象とじかに対決する即物的精神の軌跡ではなかった。対象とこちらの間には、すでに定型化された文章がある。そしてその幾種類かの定型化された文章の型をおぼえて器用に使えるようになると、いわゆる新聞記者らしい記事が書けるようになったというわけだ。それはつまり、すでに定型化された発想と感覚の枠内でしか世界を見ないということでもある。事物とじかに対決する自己訓練を夢みて新聞社に入った私は、かえって事物から隔てられ、しかもやがてはその隔てられているという意識さえ失われ、逆に定型化された文章のうちにとどまることが客観的であるような錯覚さえ生ずる危険があった。少なくとも他の新聞記者もそのように書き、それで通用するという意味での新聞社内部での〝普遍性〟が、世界についての〝客観性〟であるかのように思いこむようになる——と少なくとも私はそう感じた。

ベトナム報道が日本の新聞にとって、新しい体験だったことは前にのべたが、専門の新聞記者たちが〝客観的報道〟という枠内から、デモを、クーデターを、戦争を、アメリカの政策と戦略を眺めがちだったとき、岡村昭彦や開高健たちはそのような枠や公理に捉われることなく、いかにベトナムそのものに、ベトナム人の心のひだの奥に踏みこんでいったか。そして、そこで見たもの、感じたことを自由な文章で書いたのである。

私たち新聞記者からみると、彼らの取材の仕方は冒険的すぎ、事実の把握に慎重さがかけ、判断の仕方が荒っぽく、結論の出し方が性急すぎるようにみえた。つまり公正かつ客観的でないとみえたのだが、しかし彼らの素人的な突っこみの感覚と表現の方が、ベトナム戦争の〝真実〟により近づいたのではないか。

認識と価値判断

私はいま〝真実〟と書いた。私は〝事実〟と意識して区別し、その言葉を使ったのだ。この事実と真実との間の微妙かつ難しい関係に、認識と表現と報道のあらゆる問題がこもっていると私は思う。事実を無視して真実のみ追求するのが、素人的で文学的すぎるとすれば、真実という言葉を除外して事実だけを追い「事実だけがすべてさ。真実なんてわかるものか」というのは一見謙虚なストイシズムに似て、悪しき職業的シニシズムではないか。

私は繰り返し書いてきたが、いわゆる事実というものはそれほど確定したものか、それほど信頼しうるものなのか、一体誰が、何がそれを事実と保証するのか。決まり文句の眼鏡をはずして事象を凝視するとき、いわゆる事実らしきものの形は忽《たちま》ちぼやけ重さは失われる。あるいは誰かが、特定の権力が、特定の政治的見解がその事実をすでに着色し、荷電し、手際よく配列しているその手つきが、はっきりとみえてくる。

ここまでは見てよろしい。それ以上は見ても考えてもいけないという垣根がみえてくる。その垣根をあえて踏み越える、自由で不安な意志が大切なのだと私は強調したい。

政府の検閲その他の外的制限のことをいっているのではない。みずからの内部に固定された公理の枠、習いおぼえ身についた定型的発想と文章の垣根を越えることをいっているのである。〝事実の無私の伝達〟以上は新聞記者として逸脱だというが、社会部でもひき逃げ、政治部でも汚職など社会の最大公約数的意見が価値判断を下すような事件については、かなり強く価値判断を押し出しているではないか。多少とも冷静に眺めてみると、最大公約数的な意見に同調した価値判断は〝客観的〟だが、まだ最大公約数的意見になっていないか、あるいは少数意見にすぎない価値判断は〝主観的〟だということになる。私はこの点に疑問を持つ。

普通、外報部の仕事においては対象が遠いのでこのような価値判断がなまなましく問題になることは少ない。これまでは少なかった。だがベトナム問題はその距離をとり払った。私たちは対象の渦中に投げこまれ、波にもまれ、否応なく事実と非事実の区別、公正な認識と価値判断の境界を、整然とは判断できなくなった。そこで私たちが頼りえたものは、私自身の眼、皮膚感覚、自然な一種本能的な頽廃的で不健全なもの、力の濫用への嫌悪感、その反対のものへのひそかな共感といったものだった。

多少とも私がはっきりと断言できることは、こういう風に見てこう判断してこう書くことが、誰のためになり誰を怒らせどういう得になり、どういう損になるかという結果の利害得失の計算など落ちついてしている余裕はなかったということだ。少なくとも私自身はこう信じた——私にいまこう感じ、判断させ、反発させ、不安がらせるものは、私の中の単なる私以上のものだ、と。

生命そのものの声

ユンクの深層心理学などを援用してこの私の見解を補強しようとは思わない。おそらくこういう言い方を人々は文学的すぎるというかもしれないが、夜更けてサイゴン中央広場に坐って茫々と心を開いているとき、私はよくこう自然に呟いたものだ——いま私の中でベトナムが悲しんでいる、と。

悲しみというよりうめきに近い暗い声は、もはや私の胸の中からくるとは思えなかった。それは、まだ昼間の熱気の名残りを残している石のベンチ、抱き合って芝生で寝ている裸足の戦災孤児、砲声の地鳴り、息をひそめた灰色の街、風もないのにざわめく街路樹、それらまわりのすべての事物から、じかにひそかにうめきが聞こえ、私の内部に滲みとおってきた。私は自分を増幅器のように感じた。そしてやがて通行禁止時間が迫ってベンチを立ち上がり、ベトコン少年が銃殺された跡の歩道のそばを通って歩きながら、非情な歴史の中を歩きつづけねばならぬ人間の苦悩が、ヒロシマが、アウシュヴィッツが、ソウルの大統領官邸に向かう道で死んだ、二百人の学生たちの死体が、ローマ街道に沿って並んだ、スパルタクス団のはりつけの十字架の列が、私の中を通りすぎていった。

そして気がつくと、着剣した武装警官が、私の方に近寄ってくる。怪しい奴だと思ったのだろう。私の心の底で「ノン」と何かが叫んだ。街灯を反射して滲みついた血と脂が紫色に鈍く光ってみえる銃剣に対して、私の生命、生命そのものがはげしく拒否の身構えをした。それは私の頭の判断ではなかった。

私の中の人間——大文字ではじまる〝人間〟の判断だと不意に私は気づいた。

おそらくもともと処世の知恵に弱いうえに、連日の仕事に疲れきった私の頭は、個人的な利害得失の運動をほとんど停止していた。もしこういう大げさな言い方を読みすごしていただけるなら、あの頃の私は〝無心〟に近い状態だったのだ。だから私は自分の感覚と価値判断をあえてタイプに打ちつづけて、後めたい気持がなかった。

いま東京でも同じ心の状態だとはいわない。だが、新聞的文章の規範も忘れ、事実と真実の形式論理的区別も消え、憑かれたようにして内側から湧いてくる想念と言葉の列をそのままにタイプにローマ字で叩きつけていったサイゴンのむし暑い夜の底で、私は〝真実〟に近かった。つまり私の内部の最も奥深くを流れる、生命そのものの価値判断の声に忠実だったと思っている。

あとがき

私は、現在の時点から振り返るという姿勢ではなく、いきなりサイゴンの動乱と謎と熱気とデマの中にほうり出されたときの自分にかえって、書きすすめようとした。その点、読み返してみてかなりの混乱と不透明さがとくに最初の部分に認められるが、敢えて私はそのままにした。その混乱ぶりに、サイゴンという状況の異様さ、その只中にいきなりほうりこまれて、報道という仕事にあたる難しさの現実感が、かえってあらわれているように思えたからである。

たしかにサイゴン特派員はつらい仕事だった。戦争末期の工場動員時代に匹敵する、わが生涯最悪の時期だと考えたことが幾度もあった。だがあのときほど、自分の全神経、全細胞でもって感覚し思考しようとした時期もなかったように思う。考えてみれば、わずか七ヵ月ほどの期間だったが、ひどく長く重い日々だったように感じられる。ジェット旅客機で七時間ほどの距離だが、ひどく遠くまで行ってきたようにも感じられる。

初め現代ジャーナリズム出版会の丸山尚《ひさし》氏は、体験にもとづく〝報道論〟を書け、といってくれたのだが、でき上がったものは報道論をダシにした〝体験記〟のようなものになってしまった。しかも特派員の体験という枠をはみ出して個人的な内的体験に逸脱した傾向さえあるが、既成の報道の公理と限界を守りとおせるようなまともな状況ではなかった、つまり私個人のすべてをあげて対決しなければならぬような状態だったのだ——ということで了解していただいた。

そういう次第で、感奮興起《かんぷんこうき》するような壮烈な行動的体験も、新しい報道の方法論はかくあるべきであるといった整然たる主張もない。しかし私は、自分の心の肌に多少とも手ごたえをもって感じ考えたことをそのままに書いたつもりだ。

専門のジャーナリストの方は、動乱報道のひとつの試行錯誤的仮説として、ベトナム問題に関心ある一般の方たちは、いよいよ複雑さを増すベトナム情勢を考えるひとつの視点の示唆として読んでいただければ幸甚である。さらに、もし血なまぐさい歴史の動乱を前にして、決して英雄的ではないが、人間的ではありたいと考えてきたひとりの平凡な人間が何を見、何を疑い、何を改めて見出したかの記録としても読んでいただければ、私としてはひそかに最もうれしいことだ。

この中に登場する当時のサイゴンの仲間たちに感謝の言葉を書いておきたい。お互いはげしく競争もしたが、ジェット機の急降下の衝撃音を、プラスチック爆弾の爆発と間ちがえ、一緒にくたくたになって真昼の街中を、テロ現場をさがして走りまわっては悪態をつき合った間抜けた苦労をいまなつかしく思い出している。

この本を書き終えてみて、本というものが編集者との共同作業であることを、私は改めて痛感した。丸山尚氏のベトコン的執念と熱意に尻を叩かれつづけなかったら、この本もサイゴン政権の〝平定計画〟のごとく永遠に計画のままに終わっただろう。

一九六六年十月二十一日

日野啓三

〈1966年11月『ベトナム報道　特派員の証言』初刊〉

P+D BOOKS ラインアップ

白い手袋の秘密　瀬戸内晴美　●「女子大生・曲愛玲」を含むデビュー作品集

耳学問・尋三の春　木山捷平　●ユーモアと詩情に満ちた佳品13篇を収録

青春放浪　檀一雄　●小説家になる前の青春自伝放浪記

風祭　八木義德　●肉親との愛憎の葛藤の歳月を紡ぐ連作集

女のいる自画像　川崎長太郎　●私小説作家が語る様々な女たちとの交情

伊豆の街道　川崎長太郎　●五十歳のやもめ作家と人妻との恋情を描く

P+D BOOKS ラインアップ

草を褥に 小説 牧野富太郎　大原富枝　●植物学者牧野富太郎と妻寿衛子の足跡を描く

小説 新子　時実新子　●情念川柳の作り手・時実新子の半生記

青玉獅子香炉　陳 舜臣　●自作の玉器を探し求める工芸師の執念を描く

貝がらと海の音　庄野潤三　●金婚式間近の老夫婦の穏やかな日々を描く

せきれい　庄野潤三　●〝夫婦の晩年シリーズ〟第三弾作品

庭のつるばら　庄野潤三　●当たり前にある日常の情景を丁寧に描く

（お断り）

本書は2012年に講談社より発刊された文庫を底本としております。あきらかに間違いと思われるものについては訂正いたしましたが、基本的には底本にしたがっております。また、一部の固有名詞や難読漢字には編集部で振り仮名を振っています。

本文中には後進国、外人、乞食坊主、スチュワーデス、女中、労務者、浮浪児、看護婦、トルコ風呂、ライ病、ポン引き、雲助、浮浪人、ヤミ屋、未亡人、女子供、シナ料理、盲うち、土民などの言葉や人種・身分・職業・身体等に関する表現で、現在からみれば、不当、不適切と思われる箇所がありますが、著者に差別的意図のないこと、時代背景と作品価値とを鑑み、著者が故人でもあるため、原文のままにしております。

差別や侮蔑の助長、温存を意図するものでないことをご理解ください。

日野 啓三（ひの けいぞう）
1929（昭和４）年６月14日―2002（平成14）年10月14日、享年73。東京都出身。1974年『あの夕陽』で第72回芥川賞を受賞。代表作に『砂丘が動くように』『光』など。

P+D BOOKS とは

P+D BOOKS（ピー プラス ディー ブックス）とは
P+Dとはペーパーバックとデジタルの略称です。
後世に受け継がれるべき名作でありながら、現在入手困難となっている作品を、
B6判ペーパーバック書籍と電子書籍を、同時かつ同価格で発売・発信する、
小学館のまったく新しいスタイルのブックレーベルです。

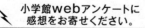

ベトナム報道

2023年6月13日　初版第1刷発行

著者　日野啓三
発行人　石川和男
発行所　株式会社　小学館
〒101-8001
東京都千代田区一ツ橋2-3-1
電話　編集　03-3230-9355
販売　03-5281-3555
印刷所　大日本印刷株式会社
製本所　大日本印刷株式会社
装丁　おおうちおさむ　山田彩純
（ナノナノグラフィックス）

ISBN978-4-09-352466-7

P+D BOOKS